大惨事が日本を襲う
「その日」に上がる株、下がる株
Xデー銘柄
完全ガイド

イベント・リスクに、この銘柄で勝て！

大きなインパクトを持つ突発的な出来事が株式市場に与える影響、それを本書ではイベント・リスクと呼ぶ。近年のわが国では阪神・淡路大震災がそれにあたる。大地震は自然災害における代表的なイベント・リスクだ。また、米国の同時多発テロのように、その後の世界の方向性を変えてしまった出来事もイベント・リスクである。北朝鮮という地政学的リスクも、ある日「ミサイル飛来」というイベント・リスクに転化しないとは誰も保証できない。

日本経済の将来へのさまざまな不安が現実になり、国債暴落→ハイパーインフレというベクトルで奈落へのロケットに点火したとき、経済におけるイベント・リスクは沸騰点にまで高まる。

本書は、現在の日本において、「自然」「社会・政治」「経済」という3つの分野で起こりうる重大な出来事をとりあげ、その出来事が実際に起きる日、すなわち「Xデー」からの主要な株価の変動を予測する。そして、ディフェンシブな投資姿勢にとどまらず、むしろイベントをチャンスにして勝ち残るために、「Xデー銘柄」を選び出している。

それぞれのイベントには個性があり、そのために「X

デー銘柄」も個性的な顔ぶれになる。日常的な投資においては、あまり見かけない銘柄も登場する。材料による個別銘柄の物色や、チャートによる判断とは異なる銘柄選びのモノサシ、それがイベント・リスクであり、「Xデー銘柄」はこのモノサシによって選ばれたものだ。

本書をみて、イベントごとの作戦を参考にしていただきたい。そしてここでは、重要なポイントをひとつだけとりだそう。それは、本書でとりあげる災害や事故、事件などが、それだけで終わらず、ドミノ的な連鎖をへて日本経済の危機を誘発する引き金になる可能性にも注意が必要だという点だ。

日本経済は、明るさが見えてきたとはいえ、重い病状をかかえ込んでいる。かつて80年ほど前、大量の不良債権をかかえていた日本経済を関東大震災が直撃し、金融恐慌の引き金となった。どんな「Xデー」も、私たちは現在の日本経済という「病人」の身体の上でむかえることになることを忘れてはいけない。

本書は、病魔に襲われている日本に迫る「その日」への対策を提示するとともに、具体的な銘柄選定につながるホットな情報を提供している。投資判断にフル活用して「Xデー」をむかえ撃ち、駆け抜けていただきたい。

日経平均株価の推移とイベントの関係

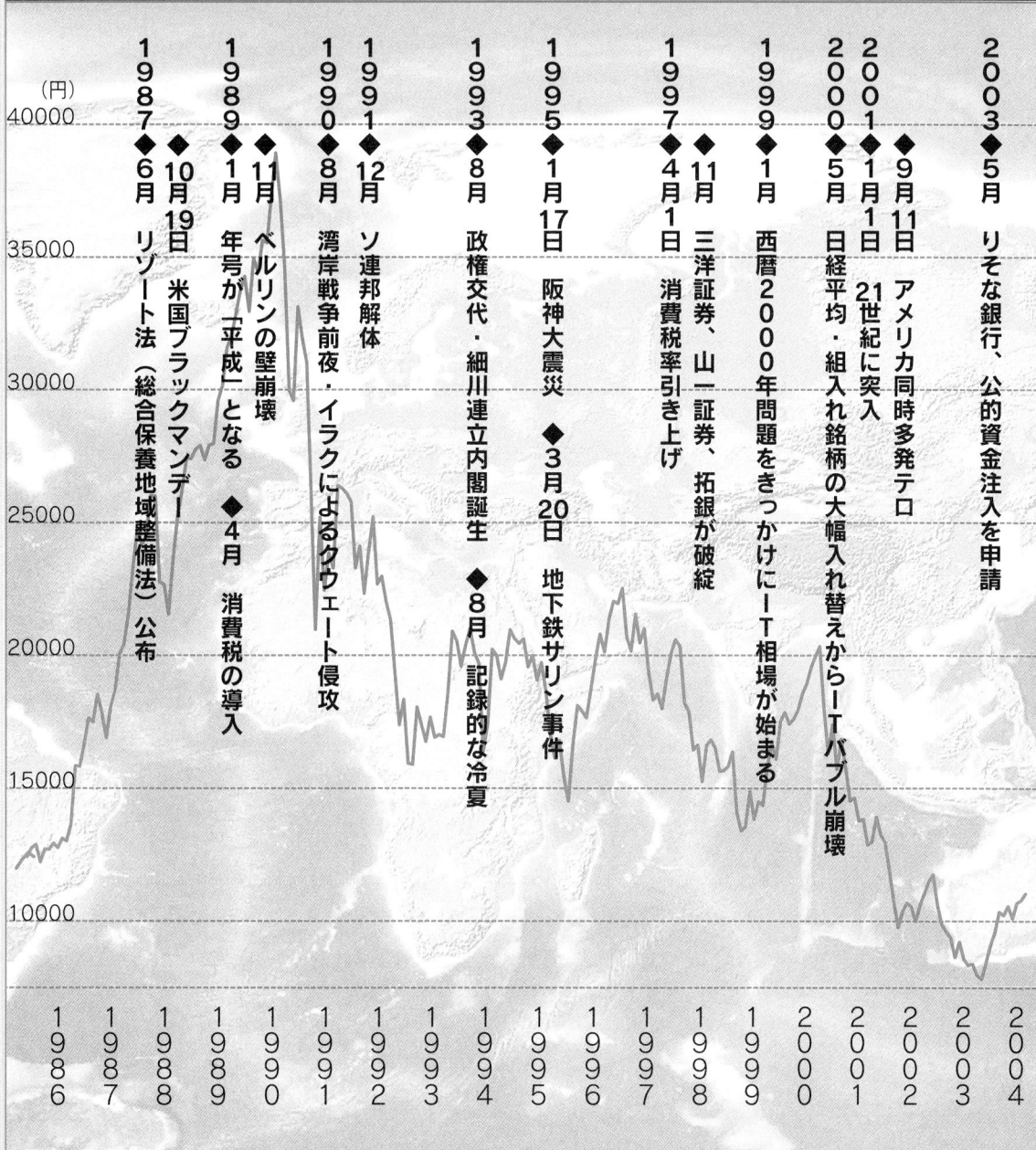

Xデー銘柄完全ガイド
大惨事が日本を襲う「その日」に上がる株、下がる株
CONTENTS

イベント・リスクに、この銘柄で勝て！ ……2
本書の使い方 ……6

第1章 自然編 ……8

自然現象イベントとは？ ……9
災害大国日本の自然災害マップ ……10
大地震がやってくる ……12
・東京に大地震が起こったら ……14
・Xデー直後の注目株 ……16
・Xデー1ヵ月後の注目株 ……18
富士山が大噴火したら ……20
・富士山大噴火の被害を予測する ……22
・Xデー直後の注目株 ……24
大洪水がやってくる ……26
・東京に大洪水が発生したら ……28
・Xデー直後の注目株 ……30

コラム Xデーの投資戦略
① 天災と人災のリスクに備えている企業を見きわめよ ……32
②「値下がりリスク」と「信用リスク」の対処法を考えよ ……33

第2章 社会・政治編 …… 34

社会・政治イベントとは？ …… 35

世界テロ危険地域マップ …… 36

日本で自爆テロ多発 …… 38
・Xデー直後の注目株 …… 40

生物・化学テロで汚染 …… 42
・Xデー直後の注目株 …… 44

原子力発電所が暴走 …… 46
・Xデー直後の注目株 …… 48

サイバーテロ発生 …… 50
・Xデー直後の注目株 …… 52

隣国からミサイル着弾 …… 54
・Xデー直後の注目株 …… 56

米国が京都議定書を批准 …… 58

ASEANとFTA調印 …… 60

「元」の自由化 …… 62

カジノが合法化 …… 64

コラム　Xデーの投資戦略
③ 個人投資家は、アナリストレポートの先回りをすることができる！ …… 66
④ Xデーをむかえる前に基本スタンスを決めておこう …… 67

第3章 経済編 …… 68

流動性の罠とハイドロプレーン現象 …… 69

債務残高の国際比較マップ …… 70

財政危機がやってくる …… 72

現行の法体系内で緊急時に政府が個人資産に対してどこまでの制限ができるか …… 80

財政破綻とインフレに備えておくべきこと …… 82
・Xデー前後の注目株 …… 83

財政破綻の後にくるもの …… 85

あらゆるXデーに強い最強4銘柄 …… 86
・Xデー混乱後の注目株 …… 88

近未来ニュース年表 2004年6月1日からの世界 …… 90

Xデーを乗りきる情報力 …… 94

※本書の情報は著者が信頼できると判断した情報にもとづくものですが、その正確性を保証できるものではありません。投資に関する最終決定はご自身の判断でなされるよう、お願い申し上げます。本書にもとづく行為によって損金および損害が発生しても、著者・発行者は責任を負うことができません。

本書の使い方

本書は「その日」への「守りと攻めの指南書」として、活用していただきたい。イベントの衝撃で、手持ちの銘柄がどのように動くかを知りたいときは「人気20銘柄」が参考になる。その出来事で値を上げる銘柄を知って勝ち抜けたいのなら「Xデー銘柄」をみよう。

「人気20銘柄」の使い方

東証1部の人気銘柄から各セクターごとにピックアップした20銘柄。これらの動きはセクター全体に影響をおよぼすから、手持ち銘柄の変動を予測するためのリトマス試験紙とみなすことができる。

コード	銘柄	説明
1601	帝国石油	国内最大規模の新潟・南長岡ガス田を有し、天然ガスを中心とした、エネルギー企業。海外では、中南米、北アフリカを中心に鉱区開発を手がけている。
1801	大成建設	売上1兆6000億円で業界大手。都心部の大型再開発を契機に中小ビルの空室率がアップしている。そのビルを住宅等へ用途転換するコンバージョン事業に注力。
1808	長谷工コーポレーション	マンション建設大手。2度の債務免除を受け新再建計画で再建。首都圏を中心に大規模マンションが堅調。それに加え大阪圏での大型マンションも受注拡大。
4502	武田薬品工業	国内製薬でトップ。ゲノム創薬など新分野に注力。欧米にも独自販売網、研究開発拠点を持つが、世界的業界再編にどのように対応するのか注目されている。
5016	新日鉱ホールディングス	ジャパンエナジーと日鉱金属が経営統合して発足した持ち株会社。石油、非鉄、電子材料が3本柱。持ち分法適用会社であるチリの銅鉱山会社の収益が急拡大。
5233	太平洋セメント	秩父小野田、日本セメントが前身。国内シェア約40％の最大手。国内需要は減少傾向が続くが、アジア・中国ビジネスを積極展開し業績好調。
5401	新日本製鐵	粗鋼生産は世界第2位。住金、神戸製鋼と資本提携。中国での鋼材需要拡大、内外の市況上昇は値上げコスト削減で吸収。利益率の高い自動車、家電向け薄板が好調。
6302	住友重機械工業	住友系重機総合重機、減速機は国内シェア7割、射出成型機は国内2位。半導体、液晶製造装置関連、デジタル家電向け装置が好調。環境関連ビジネスにも注力している。
6701	日本電気	通信で国内トップ、携帯端末、PCに強み。コンピュータネットワーク、システムLSIに注力。戦略分野を分社化、株式公開し財務体質を改善強化。
6758	ソニー	民生エレクトロニクス分野トップ。「SONY」のブランド力抜群。DVDレコーダー、薄型テレビなどのデジタル家電が普及期に入り、収益回復できるか注目。
6857	アドバンテスト	「計測と試験」における世界のリーディング・カンパニー。その製品は、エレクトロニクス、情報通信、半導体製造といった、最先端の計測技術を必要とする産業に提供されている。
7203	トヨタ自動車	販売台数は世界第2位へ躍進、国内シェア4割、国内初純利益1兆円へ。環境に配慮した「ハイブリッド」方式を日産、米フォードへ供給。世界標準に狙いを定めている。
8058	三菱商事	総合商社トップ。三菱グループの中核を担う。総合力で収益率改善、エネルギー開発分野が堅調。中国商務省から外国企業の製品を直接輸入できる権利を取得。
8183	セブン-イレブン・ジャパン	日本国内1万店、世界19ヵ国・地域合計で2万6000店のネットワークを持つ、世界最大のコンビニチェーン。商品開発力強固で店舗当り売上は他社を圧倒。
8411	みずほフィナンシャルグループ	興銀、第一勧銀、富士の統合で誕生した、銀行持ち株会社。傘下にみずほ銀行、みずほコーポレート銀行、みずほ信託銀行などを持つ、日本最大級の金融グループ。
8604	野村ホールディングス	野村證券、野村アセットマネジメントなどが傘下の持ち株会社。総合証券業トップ。証券市況活況で収益改善。M&Aなど投資銀行業務に注力、新たな収益源を模索中。
8801	三井不動産	総合不動産で業界トップ。オフィス賃貸が主力だがマンション分譲も強い。不動産投資ファンドを創設するなど、不動産証券化(流動化)ビジネスに注力。
9437	エヌ・ティ・ティ・ドコモ	NTTグループ、携帯電話で国内シェア6割。国内はKDDI「Au」の善戦で苦戦。「FOMA」による巻き返しを狙う。iモード、「FOMA」で海外展開。
9984	ソフトバンク	ヤフーなどIT企業を多く持つ、純粋持ち株会社。近年はブロードバンド関連事業に特化。「ヤフーBB」は加入者600万人目標だが顧客情報流出で成長鈍化。
4755	楽天	インターネットショッピングモール「楽天市場」を運営。国内最大の宿泊サイト「旅の窓口」、ネット証券大手「DLJディレクトSFG証券」を傘下に、ヤフーをキャッチアップ！

Xday
Xday
Xday
Xday
Xday
Xday
Xday
Xday
Xday
Xday

Xday

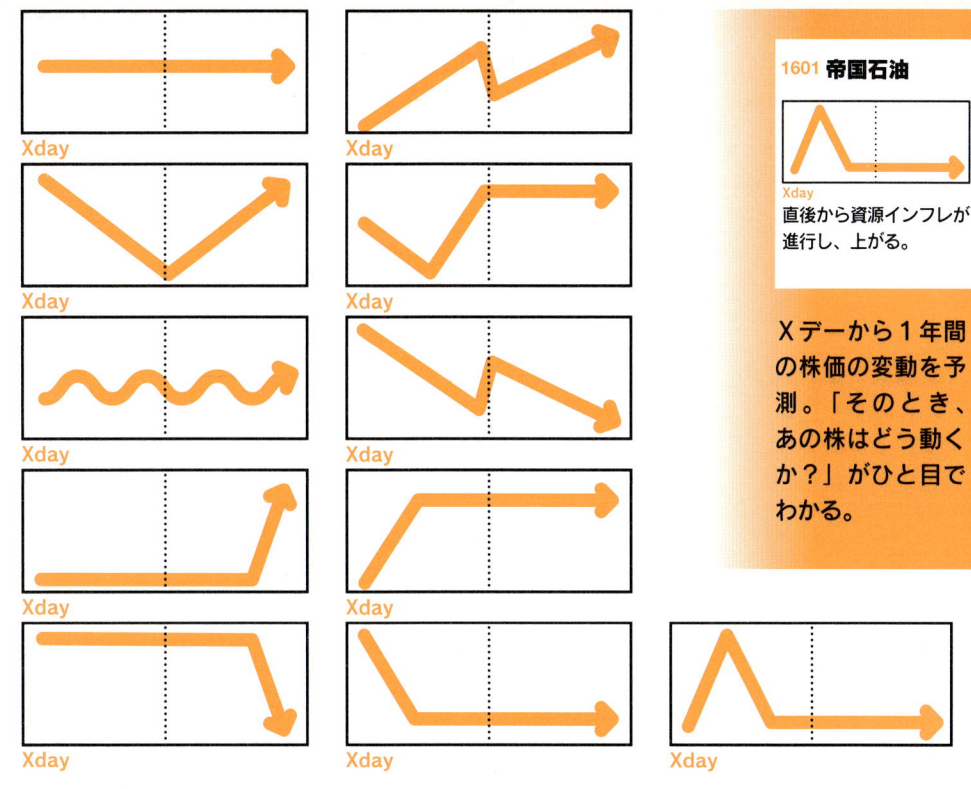

人気20銘柄はこう動く！

1601 帝国石油

Xday

直後から資源インフレが進行し、上がる。

Xデーから１年間の株価の変動を予測。「そのとき、あの株はどう動くか？」がひと目でわかる。

「Xデー銘柄」の使い方

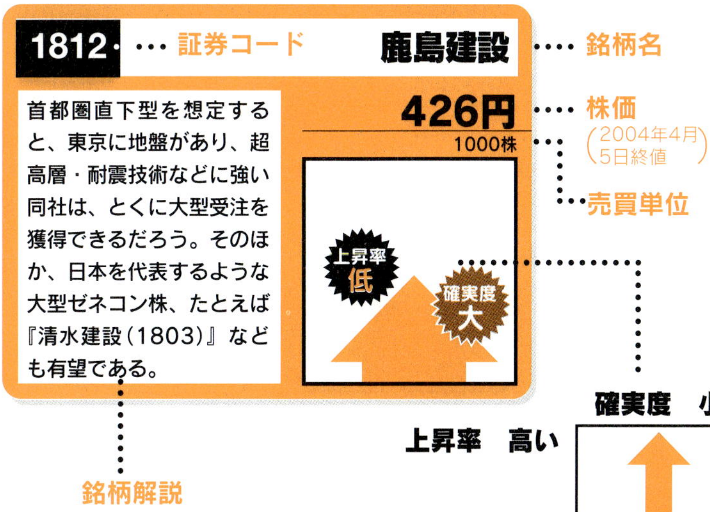

1812
証券コード
鹿島建設
銘柄名
首都圏直下型を想定すると、東京に地盤があり、超高層・耐震技術などに強い同社は、とくに大型受注を獲得できるだろう。そのほか、日本を代表するような大型ゼネコン株、たとえば『清水建設（1803）』なども有望である。
426円
株価
（2004年4月5日終値）
1000株
売買単位
上昇率 低
確実度 大
銘柄解説

Xデーがきたとき、またはXデーの到来が近いときに上昇する銘柄をズバリ紹介。
矢印の長さは上昇率の高さをあらわし、ヨコの太さは確実度をあらわす。これで「その日」への備えはできた！

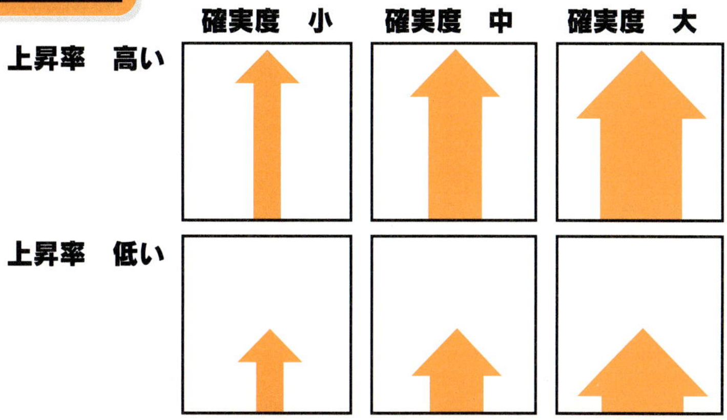

確実度　小
確実度　中
確実度　大
上昇率　高い
上昇率　低い

第1章
自然編

- **大地震**がやってくる
- **富士山**が**大噴火**したら
- **大洪水**がやってくる

大地震、富士山噴火、大洪水——これらがある日起きると、株式市場は大きく、激しく変動する。天災は自然と社会に不幸をもたらすが、マーケットでは株価の上昇・下降要因、すなわち「イベント」だ。動きを予見し、その日に備えよう。

自然現象イベントとは？

自然災害の猛威

いうまでもなく、我々の社会は地球という自然環境の中にある。都市部で快適な生活を営んでいても、いざ自然災害に襲われれば、たちどころに被災し、困窮する。これが大自然に居をかまえる人類の宿命である。

自然災害の身近なものとしては、台風や豪雨がある。2002年6月29日に発生した台風6号では、死者6名、行方不明者1名、負傷者30名、住家の全壊21棟、半壊29棟、床下浸水7936棟の被害が発生した。延べ約5万8700戸が停電し、1万1673戸が断水となった。その経済的ダメージは、野菜を中心とした農作物等だけでも約620億円と、膨大な損失をもたらしている。

が社会インフラを直撃し、経済的ダメージに直結する点にある。

社会インフラのダメージが広がり、経済活動に支障をきたせば、当然マーケットにも激震が襲う。株価が全面安となるだけではなく、その間隙（かんげき）を突いて高騰する銘柄もある。現実に起きる悲劇を尻目に、マーケットの一部は活況となるだろう。

思えば、阪神大震災のときにも、株価は大きく変化した。悲しみと向き合い、悲劇をのりこえて、被災地の経済は復興に向かった。その間、投資家たちは復興にかかわる企業を投資で支援しながら利益を得てきた。自然現象のリスクと株式投資は、ここで結び合う。

天災に備えるために

多くの天災は、保険の「対象外」になっているのが現実だ。しかも当然のことながら地震保険などの保険金は「自分が被害にあわなければ受け取れない」性格のものだ。

しかし、時期の確定は難しいものの、天災によるXデーは必ずやってくる。そのとき、間違いなくマーケットは激震する。事前に何を備え、どんな判断をするかで、その後の人生に大きな違いが生まれるだろう。株式投資における自然災害という「イベント」への対策、それは「イベント」生起の前と後で大幅に変化する、マーケットの動きを予見することから始まる。

本章では大地震、富士山噴火、大洪水などのイベントを考えてみたい。

天災でマーケットはどう動くか

大規模な天災の恐ろしさは、それが社会インフラを直撃し、経済的ダメージに直結する点にある。

山も、噴火の可能性が指摘され、対策が進められている。

いまや株式投資においても東京に直下型の地震が起きることを想定したリスク管理が求められている。日本のシンボルとして勇姿を誇る富士

災害大国日本の自然災害マップ

太平洋プレート

○北海道十勝沖
9月26日、マグニチュード8.0の地震、およびマグニチュード7.1の余震が発生。行方不明者2人、負傷者は847人。住宅の被害は2010棟、水産被害は北海道だけで5億2892万円と見積もられた。
（消防庁　平成15年12月11日発表による）

日本列島は、4つのプレートが圧迫し合う位置にある火山列島である。すなわち日本は地震列島であり、同時に台風の通り道ともなっている。

私たちは、地震、大雨による土砂災害、そして洪水の危険につねにさらされているのだ。

「いつ」という予測はできないが、自然災害は「必ず」発生する。その場所がたまたま都市部の人口密集地帯であれば、地方の山間部・農村地域に比べて被害は数倍、数十倍にふくれあがる。1959年の伊勢湾台風の死者・行方不明者は5000名以上にのぼり、1995年の阪神・淡路大震災では6435名を数えた。

被害が大きければ、当然ながら経済的な損失も大きい。その結果は、株価の大きな変動をもたらさずにはおかないのである。

日本で起きた過去50年間の主な自然災害

『平成15年版　防災白書』より

年	月日	災害名	主な被災地	死者・行方不明者
1954年（昭和29年）	5月8日～12日	風害（低気圧）	北日本、近畿	670
	9月25日～27日	洞爺丸台風	全国（特に北海道、四国）	1761
1957年（昭和32年）	7月25日～28日	諫早豪雨	九州（特に諫早周辺）	722
1958年（昭和33年）	6月24日	阿蘇山噴火	阿蘇山周辺	12
	9月26日～28日	狩野川台風	近畿以東（特に静岡）	1296
1959年（昭和34年）	9月26日～27日	伊勢湾台風	全国（九州を除く、特に愛知）	5098
1960年（昭和35年）	5月23日	チリ地震津波	北海道南岸、三陸海岸、志摩海岸	139
1963年（昭和38年）	1月～2月	豪雪	北陸地方	231
1964年（昭和39年）	6月16日	新潟地震（M7.5）	新潟県、秋田県、山形県	26
1965年（昭和40年）	9月10日～18日	台風23,24,25号	全国（特に徳島、兵庫、福井）	181
1966年（昭和41年）	9月23日～25日	台風24,26号	中部、関東、東北、特に静岡、山梨	317
1967年（昭和42年）	7月～8月	7,8月豪雨	中部以西、東北南部	256
1968年（昭和43年）	5月16日	十勝沖地震（M7.9）	青森県を中心に北海道南部・東北地方	52
1972年（昭和47年）	7月3日～15日	台風6,7,9号及び7月豪雨	全国（特に北九州、島根、広島）	447
1974年（昭和49年）	5月9日	伊豆半島沖地震（M6.9）	伊豆半島南端	30
1976年（昭和51年）	9月8日～14日	台風17号及び9月豪雨	全国（特に香川、岡山）	171
1977年（昭和52年）	8月7日～翌年10月	有珠山噴火	北海道	3
1978年（昭和53年）	1月14日	伊豆大島近海地震（M7.0）	伊豆半島	25
	6月12日	宮城県沖地震（M7.4）	宮城県	28
1979年（昭和54年）	10月17日～20日	台風20号	全国（特に東海、関東、東北）	115
1982年（昭和57年）	7月～8月	7,8月豪雨及び台風10号	全国（特に長崎、熊本、三重）	439
1983年（昭和58年）	5月26日	日本海中部地震（M7.7）	秋田県、青森県	104
	7月20日～29日	梅雨前線豪雨	山陰以東（特に島根）	117
	10月3日	三宅島噴火	三宅島周辺	0
1984年（昭和59年）	9月14日	長野県西部地震（M6.8）	長野県西部	29
	12月～翌年3月	豪雪	北陸地方を中心とする日本海側	90
1985年（昭和60年）	12月～翌年3月	豪雪	北陸、東北地方	90
1986年（昭和61年）	11月15日～12月18日	伊豆大島噴火	伊豆大島	0
1990年（平成2年）	11月17日～	雲仙岳噴火	長崎県	44
1993年（平成5年）	7月12日	北海道南西沖地震（M7.8）	北海道	230
	7月31日～8月7日	平成5年8月豪雨	全国	79
1995年（平成7年）	1月17日	阪神・淡路大震災（M7.2）	兵庫県	6435
1996年（平成8年）	12月6日	蒲原沢土石流災害	長野、新潟県境（蒲原沢）	14
1997年（平成9年）	7月10日	鹿児島県出水市の土石流災害	鹿児島県出水市	21
1998年（平成10年）	8月26日～31日	平成10年8月末豪雨	福島県、栃木県、茨城県	22
	9月20日～23日	台風7号,8号,豪雨	近畿地方、中部地方	19
	10月17日～18日	台風10号	中国地方	13
1999年（平成11年）	6月23日～7月3日	梅雨前線豪雨	西日本を中心とする全国	39
	8月13日～16日	弱い熱帯低気圧による大雨	神奈川県、埼玉県、東京都	17
	9月21日～25日	台風18号	九州を中心とする全国	31
2000年（平成12年）	3月31日～	有珠山噴火	北海道	0
	6月25日～	三宅島噴火及び新島・神津島近海地震	東京都	1

10

大地震がやってくる

日本列島は、世界でも有数の地震多発地帯。私たちは平然とビルを建て、道路を作り、地下鉄や電気、水道などのライフラインの整備を急いでいるが、それらはすべて、いつ激震にみまわれても不思議でない土地の上にあるのだ。実際に大地震が起きたとき——。その経済的ダメージははかり知れない。

経済的ダメージは膨大

十分な警戒が必要とされる「東南海・南海地震」。静岡県から高知県にいたる広範囲な被害が想定され、場合によっては、「日本経済崩壊」への引き金になりかねないとの懸念もある。被害総額は最大57兆円と試算されている（中央防災会議報告書より）。阪神・淡路大震災の被害総額は約13兆円。人口密集地を襲う東京直下型の地震となれば、10兆円規模の被害が予想される。実際は地盤の違いなどによって、東京直下型の場合には、阪神・淡路大震災のような震度7の被害は出ないと予想されている。しかし東京での大地震では、巨大な「心理的ダメージ」の津波が発生するだろう。

すなわち、外国人の投資家が経済的なダメージを心配して「大規模な日本売り」に動く可能性がでてくる。それが経済および株価の悪化を加速させ、現物の取引を中止している。

大地震の株価への影響

東京直下型の地震が襲い、予想以上の打撃を受け大混乱が生じれば別だが、東京以外で発生する大地震の際の株価は、阪神・淡路大震災の例が参考になる。

阪神・淡路大震災は、1995年1月17日、午前5時46分頃に起きている。

この日は、「成人の日」の3連休明けの火曜日、ちょうど新聞休刊日でもあった。被災地から近い大阪証券取引所は、現物の取引を中止。また、日経平均先物とオプションの市場は、午前中の取引を中止している。

東京証券取引所の取引は、定刻通りに始まった。売られた銘柄は、被災地に工場など生産拠点のある銘柄、「損害保険の支払額が急増する」との思惑で損保株、ライフラインが大きな打撃を受けたことで、「電力」「ガス」「鉄道」株などだ。

そして、復興特需のある銘柄群は暴騰した。主なものは「ゼネコン」「道路」「セメント」「建設機械」「建機リース」などである。

第1章・自然編　大地震がやってくる

東南海・南海地震で想定される被害

被害額は最大で約57兆円と想定されている。阪神・淡路大震災の約13兆円や、東海地震の約37兆円（想定）と比較しても最大規模だ。

建　物

揺れによる被害	16万6500棟
液状化による被害	8万8300棟
津波による被害	3万8000棟
急傾斜地崩壊	2万600棟
火災（風速3m）	11万4000棟
火災（風速15m）	30万1800棟

死　者
最大17,000人

ライフライン

- 水道／供給施設への被害で長期間の断水
  約1400万人(直後)、700万人(1週間後)に影響
- 下水道／被害延長540ｋm　　27万人に影響
- 電気／長期の停電／50Hz-60Hz変換機が被災した場合、東日本からの調達が困難になる。工業用水が被害を受けた場合、発電用タービンの冷却不可、発電能力の低下　　約1000万人に影響
- 都市ガス／供給施設・配管の損傷、ガス漏れによる二次災害
  約310万人に影響
- 電話通信／電話の不通、インターネットへ、企業のネットワーク崩壊
  約74万人に影響
- 鉄道・道路／道路・施設の大打撃、物資の輸送が困難に

＜生活支障＞

- 避難生活
1. 物資の不足
米／1日74万kg　その他食糧／1日1300万食　飲料水／1日6800kl
毛布／51万枚　肌着／76万着　仮設トイレ／3万1000基
2. その他　　衛生環境の悪化、死体処理等

直接被害43兆円／間接被害14兆円
合計57兆円

内閣府中央防災会議「東南海・南海地震に関する専門調査会」資料より

東京に大地震が起こったら

地震被害シミュレーションによれば、東京直下型の地震は10万棟の建物を壊し、38万棟の家を焼く。ライフラインは1ヵ月以上のあいだ復旧しない。首都のインフラは大きく傷つく。投資家の逃避行動が国債暴落を招き、ハイパーインフレの発生へ――。

最大震度6強の地震でも、13兆円もの被害が!?

東京都が1997年に出した『東京における直下地震の被害想定に関する調査報告書』から、東京直下型地震の様子を推定してみよう。地震の規模は震度6程度と予想される。阪神・淡路大震災でみられたような震度7の揺れは発生しない。

揺れ、液状化による建築物全壊棟数は都全体で約4万3000棟、半壊は約10万棟となる。仮に1戸あたりの被害額を2000万円と想定すれば、建築物だけで2兆円となる。

さらに、木造住宅密集地域を中心として大きな延焼被害が発生する。都全体で824件の出火となり、そのうち延焼拡大していく火災は149件、焼失棟数は約38万棟となる。こちらも1戸あたりの被害額を2000万円と想定すれば、総計7兆6000億円の被害となる。

ライフラインの被害は、区部直下の地震の場合に上水道で約150万戸、電気で約54万戸、ガスで約130万戸と試算。復旧日数は、電気は7日、上水道が31日、ガスで57日と予測される。東京の人口密集度を勘案すれば、少なくとも阪神・淡路大震災に相当する5000億円のライフライン被害が出ることは容易に想像できる。鉄道や老朽化している首都高速の被害も大きいので、インフラは数兆円規模の経済的ダメージとなるだろう。

結果として、震度6でも火災の影響が大きく、被害総額は阪神・淡路大震災と同程度の10兆～13兆円規模となる。

人気20銘柄はこう動く！

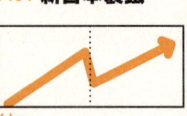

6701 日本電気	5401 新日本製鐵	5016 新日鉱ホールディングス	1808 長谷工コーポレーション	1601 帝国石油
直後の混乱で売られるが、その後は特需で持ち直す。	直後から復興特需で急騰する可能性が高い。早い段階での対応がカギ。	直後から資源インフレが進行し、上がる。	直後から復興特需で急騰する可能性が高い。早い段階での対応がカギ。	直後から資源インフレが進行し、上がる。

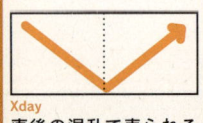
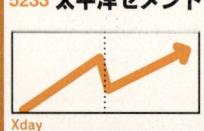

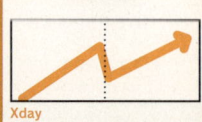

6758 ソニー	6302 住友重機械工業	5233 太平洋セメント	4502 武田薬品工業	1801 大成建設
直後の混乱で売られるが、その後は特需で持ち直す。	直後から復興特需で急騰する可能性が高い。早い段階での対応がカギ。	直後から復興特需で急騰する可能性が高い。早い段階での対応がカギ。	直後の混乱で売られるが、医薬品の需要が拡大し注目される。	直後から復興特需で急騰する可能性が高い。早い段階での対応がカギ。

第1章・自然編　大地震がやってくる

金融と物流の大変化

東京直下型の場合は、直接的な被害に加えて「首都・東京」が破壊されたという事実による心理的、経済的な影響が大きい。被害が大きければ日本の信用力は低下する。外国人の投資家が逃げていくからだ。

その結果、為替は急激な円安となり、国債の暴落に陥るだろう。これが金利上昇を呼び、さらなる円安が始まる。

資金不足、需要と供給のバランスの崩壊——、こうして大地震は「ハイパーインフレ」の引き金となる可能性が高い。

すなわち、「負のスパイラル」の出現である。

物流への影響も大きい。生産拠点の壊滅、工場の倒壊などにより、決定的な損失をこうむる企業もあるだろう。日ごろから生産拠点を分散させるなどのリスク管理を行っていないと、企業は大きな損害を受けることになる。

阪神・淡路大震災における被害総額

1995年4月5日兵庫県報告

被害項目	被害額
建築物	5兆8000億円
鉄道	3439億円
港湾	1兆円
高速道路	5500億円
埋立地	64億円
廃棄物・し尿処理	44億円
商工関係	6300億円
（建築物1兆7700億円を除く）	
公共土木施設	2961億円
文教施設	3352億円
農林水産関係	1181億円
医療・福祉	1733億円
水道	541億円
ガス・電気	4200億円
通信・放送	1202億円
その他公共施設	751億円
合計	**9兆9268億円**

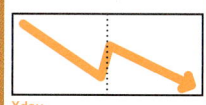

9984 ソフトバンク
投資会社の側面があり、Xデーには弱い。

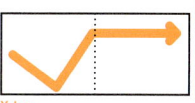

8801 三井不動産
被災地が東京の場合アウト。同社運用のREIT（日本ビルファンド）も同様。

8411 みずほフィナンシャルグループ
直後の混乱で売られるが、その後、持ち直す。

8058 三菱商事
直後の混乱で売られるが、その後、復興プロジェクトで活躍。

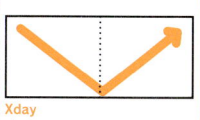

6857 アドバンテスト
直後の混乱で売られるが、その後は特需で持ち直す。

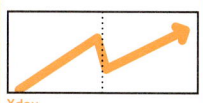

4755 楽天
被災地では、インターネットを使った生活必需品の調達手段となる。

9437 エヌ・ティ・ティ・ドコモ
直後の混乱で売られるが、被災地での需要が拡大、注目される。

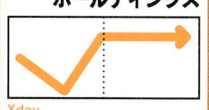

8604 野村ホールディングス
直後の混乱で売られるが、その後、持ち直す。

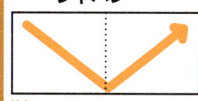

8183 セブン-イレブン・ジャパン
直後の混乱で売られるが、被災地での活躍が期待される。

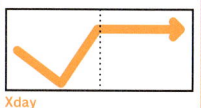

7203 トヨタ自動車
直後の混乱で売られるが、その後、需要が拡大し注目される。

Xデー直後の注目株

大地震の直後は円、国債、株すべてが売られる（暴落）展開となるが、金融マーケット再開後、一部の復興関連銘柄を中心に「株の暴騰」に進んでいくだろう。Xデーをむかえたら、早期に冷静さをとり戻し、マーケット再開後は積極的な対応に出たい。

取引所、通信システムが直接被害にあうことが予想されるので、復旧までの数日間、取引所は中止となり、一時的に全面安となる事態は避けがたい。

震災に備える株対策としては、まず被害総額が5000億円と想定されるインフラを支える「電力」「ガス」「鉄道」、復興の特需銘柄としてカップヌードルの『日清食品（2897）』をはじめ、「建設」「医療」「エネルギー」関連株などをおさえたい。

とくに地震と延焼による建築物の被害総額は10兆円規模となるので、「ゼネコン」「道路」「セメント」「建設機械」「建機リース」などに注目するといいだろう。

さらに、被災地では生活必需品が不足し、「仮設トイレ」だけでも7万基が不足すると予測される（中央防災会議報告書より）。リサイクルトイレの『ネポン（7985）』は狙い目だ。

また「仮設ハウス」「医療器具」「医薬品」の不足が当然、予想される。特に輸血用血液の大量確保が急務となることから、実用化間近の人工血液関連で『三菱ウェルファーマ（4509）』などもあがってくるだろう。

株式市場は再開するので、冷静に対処したい

ネット証券大手の松井証券は、85年間にわたり本社があった東京の日本橋・兜町を離れ、2004年に千代田区麹町へ移転した。大地震がくれば株価は激しく動揺する。証券会社が機能不全におちいったときのリスクは大きい。松井証券の本社移転は、かんじんな時に取引に参加できないようでは困るという意図があってのことだ。

また、2003年にオープンした六本木ヒルズには、ポータルサイトを運営するヤフーが移転した。六本木ヒルズは、震度7の激震にも耐えうる「防災力」をアピールしている。しかもヤフーは、大地震が起きたとしても、自家発電装置により自社のサービス提供が維持できるという強みを持っている。災害時こそ勝ち組企業になろうと、六本木ヒルズへの移転を決めたという。

六本木ヒルズに移転を決めたという。災害時にインターネットが活躍することは、阪神・淡路大震災で実証済みだ。インフラを提供するヤフー自体が被災するわけにはいかないというのが一番大きな理由であろう。

すなわち、大地震が起きた後でも通信インフラなどが復旧すれば、個人投資家でもインターネットで情報を入手し、株式売買を再開することができる。冷静さを失わなければ、ピンチはチャンスに転化できるのだ。

大地震直後に注目される銘柄

震災によりマーケット全体が大きく売られることはなさそうだ。ただし、

16

第1章・自然編　大地震がやってくる

Xデー銘柄

4509　三菱ウェルファーマ
1370円　1000株

被災地では、多数の負傷者が発生する。そのため、緊急用輸血血液が大量に必要となる。しかし、この環境での献血は期待できない。同社は、早稲田大学、慶応大学と共同で人工血液を開発中なので、これに期待が集まりそうだ。

上昇率 高／確実度 中

1812　鹿島建設
426円　1000株

首都圏直下型を想定すると、東京に地盤があり、超高層・耐震技術などに強い同社は、とくに大型受注を獲得できるだろう。そのほか、日本を代表するような大型ゼネコン株、たとえば『清水建設（1803）』なども有望である。

上昇率 低／確実度 大

7985　ネポン
175円　1000株

都市部に起きた大地震の被災直後から、仮設トイレが必要になる。衛生・環境に配慮したリサイクルトイレを販売している同社には、発注が集中するはずだ。ちなみに、同商品は自衛隊東ティモールPKOでも使用された。

上昇率 高／確実度 中

1870　矢作建設工業
422円　1000株

東海大地震を想定した場合、地元地盤の会社に恩恵がある。名古屋に地盤がある上場会社は少ないので、同社は株式市場で名があがるのはもちろん、受注額も膨大な金額となり、期待された収益も確保できる。

上昇率 高／確実度 大

9762　大和工商リース
543円　1000株

大地震による都市部の崩壊を想定した場合、仮設住宅や仮設トイレ、建設機械などのリース特需が発生する。そこで、仮設建物リースを得意としている同社に注目が集まる。他に『東海リース（9761）』、『丸紅建材リース（9763）』も有望。

上昇率 高／確実度 大

2897　日清食品
2650円　100株

被災地では、食糧確保に困難を要する。簡単な調理で手軽に食べられる食品がもてはやされる。とくに同社の「カップヌードル」は、国内外の災害時には定番になるほどの実績がある。家庭での買い置き、自治体の備蓄なども期待できる。

上昇率 高／確実度 大

Xデー1ヵ月後の注目株

日本列島は地震危険地帯であり、そこに世界有数の企業群が拠点をかまえている。地震による被害は避けられないが、発生後は一定期間のあとハイスピードで復興の動きが高まる。このステージにいたったら、金融危機への連鎖がないかを見きわめつつ、冷静に対処していきたい。

大震災でも、1ヵ月後には落ち着く

大地震の1ヵ月後、復興への青写真が出てくれば、土木、基礎工事、ゼネコンなど、Xデー直後に急騰した銘柄が落ち着きをとり戻し、実需の復興銘柄への注目度が増すだろう。復興支援物資の輸送をする『日本通運（9062）』、電力インフラの復興を支える『関電工（1942）』、新築住宅建設による住宅ハウスメーカーの『ミサワホームホールディングス（1722）』や窓ガラスの復興需要で『旭硝子（5201）』など。また生活必需品の需要から『デジタル家電』『家具・寝具』『自動車メーカー』などが浮上する。

さらに、Xデーを契機として新しいインフラのあり方が話題となる。たとえば「電気」「ガス」などは、従来の大量供給型から燃料電池などを利用した地域分散型の態勢へと転換が一気に進む可能性がある。具体的な関連銘柄は、燃料電池関連で『新日本石油（5001）』『三菱重工業（7011）』『大阪ガス（9532）』『クボタ（6326）』、小型タービンの『荏原製作所（6361）』『明電舎（6508）』『カナモト（9678）』など。太陽電池の『三洋電機（6764）』や『シャープ（6753）』『明電舎』、ソーラー住宅の『旭ホームズ（1913）』、風力発電の『日本風力開発（2766）』なども注目株だ。

通信インフラも一新される。従来のメタルケーブルではなく、高速通信の光ファイバーを使ったインターネットが脚光を浴びるだろう。一時話題となった「FTTH（ファイバー・ツー・ザ・ホーム）」関連が再浮上しそうだ。

売り込まれていた銘柄群の買戻しが始まる

阪神・淡路大震災直後、大阪地盤の土木大手『不動建設（1813）』は、震災前は500円台、震災後は1ヵ月で1400円台と3倍近くまで跳ね上がった。その他もおおむね30％の上昇を記録。

その後、「震災復興銘柄」は震災後1ヵ月程度にぎわった後で失速する。その半年後、震災前とほとんど変わらない水準まで下落。逆に売り込まれた銘柄群は、約1ヵ月後には元の水準まで戻している。

これらの例から類推すれば、大震災の1ヵ月後には、思いきった行動をったほうが賢い。被災地にある『電鉄』や、生産拠点の被害によって売られていた銘柄群の動きに注目だ。

もっとも、大地震の場所、規模、被害状況によって、株価は大きく変化するので、事が起きる前の株価予想はあまり意味がない。1ヵ月が経過するまではじっくりと様子見をしておき、復興への兆しが見えたころに一気呵成（かせい）に攻めに転じるかたちが理想的だろう。

18

Xデー銘柄

6361 荏原製作所
611円 1000株

環境配慮型のインフラ整備が必要不可欠。同社は環境に配慮した地域分散型・発電システムに不可欠な小型ガスタービンを得意としている。過去にも、コージェネレーションシステムの本命として注目された経緯がある。

上昇率 高／確実度 中

1722 ミサワホームホールディングス
426円 1000株

都市部における個人住宅の復興は、膨大かつごく短期間に受注が集中する。プレハブ大手で全国展開している同社は、特需を吸収するだけのキャパシティがある。財務基盤の弱い同社には一攫千金のチャンス。

上昇率 高／確実度 小

6951 日本電子
899円 1000株

従来の技術では、大量の電気を物理的に貯蔵することは困難だった。同社が開発したキャパシターを使った電力貯蔵システムは、電気を化学反応ではなく、物理的に貯蔵できるとして注目されている。早期の商品化が待たれる。

上昇率 高／確実度 大

1942 関電工
513円 1000株

被災地では、電力インフラが壊滅的な打撃を受ける。電力インフラの再構築、および大型ビルの電設工事など、復興特需の恩恵ははかり知れない。同社は電設工事の大手で、首都圏に強い。他に『きんでん(1944)』。

上昇率 高／確実度 中

9062 日本通運
634円 1000株

被災地へ復興支援物資を輸送するため、フル稼働が続く。国内最大手の同社は、物流ネットワークが最大の強みとなろう。他の物流各社にも、人気は集まる。他に『ヤマト運輸(9064)』、『トナミ運輸(9070)』。

上昇率 低／確実度 大

5201 旭硝子
1152円 1000株

都市部の震災では窓ガラスが割れる被害が続出する。板ガラス首位の同社は、ペアガラスなどの高機能板ガラスを得意としており、とくに膨大な特需にわくことになろう。他に『日本板硝子(5202)』などがある。

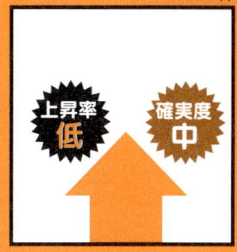
上昇率 低／確実度 中

富士山が大噴火したら

富士山は日本最大の「活火山」だ。2000年後半から2001年にかけ低周波地震が数多く観測された。「その日」に備え、政府レベルで対策が進められているが、私たちは日本経済と株式市場におよぼす噴火の影響を考えてみることにしよう。

富士山ハザードマップの完成間近！

大噴火の予兆ではないかと話題になった低周波地震が富士山に観測された2001年。おりしも政府の設置による「富士山ハザードマップ検討委員会」が活動を始めた時期とかさなり、富士山噴火のリスクがぜん注目されるようになった。

富士山ハザードマップとは、万一の噴火のときに生命と財産の保全に役立てるように作られた被害予想図のことだ。同委員会の中間報告書は、2002年6月に発表されている。

その後、2003年9月には、富士山の東北東斜面の4ヵ所で地面が陥没したとされている。富士山は、深い眠りから覚めつつあるのだろうか。

富士山は、古文書の記録に残されているところによれば、奈良時代の781年（天応元年）以降、少なくとも10回は噴火したとされている。最後の噴火は江戸時代、1707年（宝永4年）であり、記録に残る最大規模の噴火となった。その降灰は江戸にまで達している。

前述の富士山ハザードマップは、その「宝永噴火」と同様の噴火が将来起こると想定し、その被害状況を予測したものだ。それによると、富士山の溶岩流は東海道新幹線にまで達し、大噴火によって噴出した火山灰は上空の西風に運ばれ、首都圏一帯に降灰する。

日本経済へのダメージが問題

富士山大噴火では、噴火による直接的な被害よりも、むしろ降灰による経済動脈の停滞が問題となる。また、22ページ以降にみるように降灰が東京におよぶ場合、日本経済は大きなダメージをこうむることになる。しかも、噴火による降灰が長引けば、復興には時間がかかる可能性がある。

富士山は、日本の象徴である。その富士山が噴火し、しかも東京が降灰により混乱しているとなれば、海外投資家の目にはどう映るだろうか。最悪の場合は、日本離れが進み金融危機へと進む可能性もでてくる。

20

第1章・自然編　富士山が大噴火したら

富士山噴火の歴史

富士山は、記録に残っているものだけでも、過去に10回、噴火している。とくに富士山ハザードマップ作成の参考にされた「宝永噴火」の爆発は、2週間にわたる大規模なものだった。ここ数百年、たまたま噴火を休んでいるだけかもしれない。

年代	火山活動の状況	特に名前がついた噴火
781年（天応元年）	山麓に降灰、木の葉が枯れた。	
800～801年（延暦19～20年）	大量の降灰、噴石。	延暦噴火
864～865年（貞観6～7年）	溶岩流出（青木ヶ原溶岩）。溶岩により人家埋没。湖の魚被害。	貞観噴火
937年（承平7年）	噴火。	
999年（長保元年）	噴火。	
1033年（長元5年）	溶岩流が山麓に達した。	
1083年（永保3年）	爆発的な噴火。	
1511年（永正8年）	噴火。	
1560年（永禄3年）	噴火。	
1707年（宝永4年）	噴火前日から地震群発、12月16日から2週間にわたって爆発的な噴火。江戸にも降灰。	宝永噴火

富士山低周波地震の日別回数

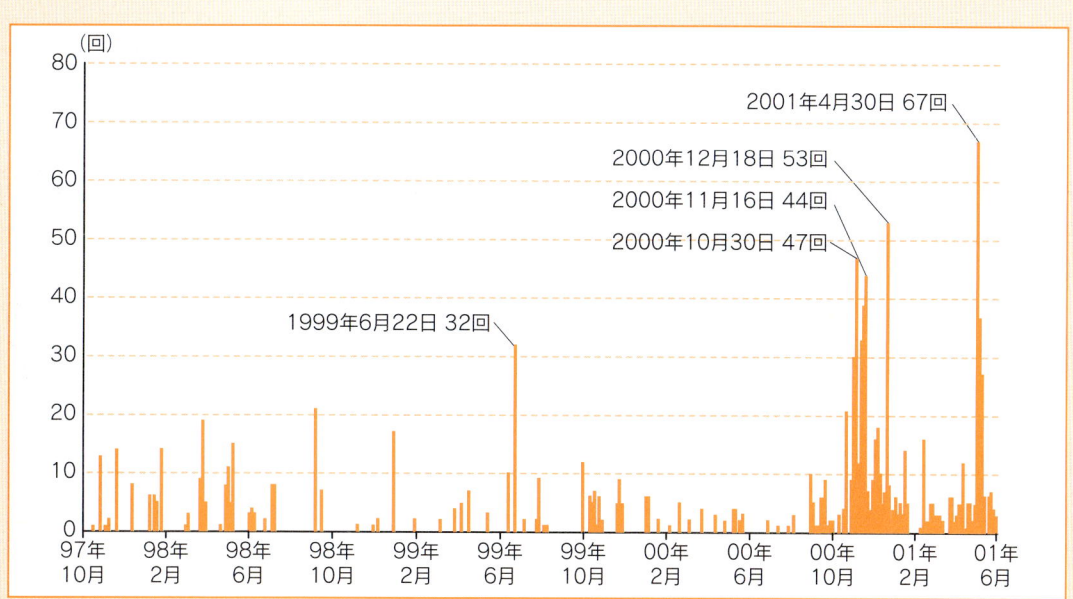

内閣府・富士山ハザードマップ検討委員会中間報告書（2002年6月）より

富士山大噴火の被害を予測する

富士山噴火のインパクトは大きいものの、日本経済を直撃するわけではない。恐いのは、噴火の後で降る灰。灰の降る都市・東京では、ビジネスが長期にわたって機能低下におちいり、全体的な荒廃感が漂いはじめる。そして―。

噴火によるライフラインの被害は450億円

1日の降灰が5cmを超えれば、東名高速道路や中央自動車道は通行できなくなる。物流は途絶え、生鮮食品の価格は暴騰する。鉄道も安全確保のため運休となり、東京に「帰宅難民」が発生することに。もちろん羽田と成田の飛行場は使用不可能だ。

やがて諸物価の上昇とともに、工場などでも材料の搬入や製品出荷ができなくなり、生産性が極端に低下し、経済は大混乱に陥っていく。

富士山ハザードマップ検討委員会の中間報告(2002年6月)によれば、火山灰が雨などで水を含むと漏電の原因となる。最大108万世帯が停電し、また、細かい灰が機器の内部に侵入し、半導体の故障を誘発する。コンピュータが止まって、オンライン取引が中止になる。銀行やコンビニではATMが停止する可能性もある。

水道水は濁り、190万～230万人が影響を受ける。高層マンションではポンプが動かず給水停止。これは噴火がおさまった後も続く。このようなライフラインの直接的被害は、最終的には約448億円と予想されている。

降灰の期間は長期間におよぶ

堆積した灰の飛散により、ビジネスマンはマスクをして出社。また、堆積した灰の重みで280～700戸が倒壊。雨が降れば被害はさらに拡大するだろう。

降灰後も危険は去らない。降灰した

人気 20 銘柄 はこう動く！

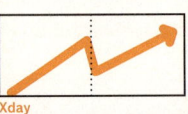

6701 日本電気	5401 新日本製鐵	5016 新日鉱ホールディングス	1808 長谷工コーポレーション	1601 帝国石油
降灰によるダメージで、パソコンは使用不能。買い換えが急務。	降灰によるダメージがあるものの、資源株は注目の的。	降灰によるダメージがあるものの、資源株は注目の的。	首都圏は降灰によるダメージがあり、ゼネコンは復興特需にわく。	噴火直後から資源インフレとなり、注目される。

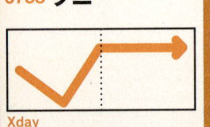
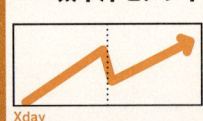
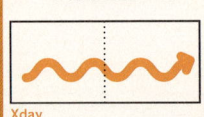
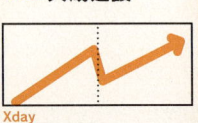

6758 ソニー	6302 住友重機械工業	5233 太平洋セメント	4502 武田薬品工業	1801 大成建設
降灰によるダメージで、デジタル家電の買い換え需要あり。	降灰によるダメージがあるものの、都市復興のための特需が生まれる。	降灰によるダメージがあるものの、資源株は注目の的。	イベントによる影響は少ない。	首都圏は降灰によるダメージがあり、ゼネコンは復興特需にわく。

第1章・自然編　富士山が大噴火したら

富士山大噴火がもたらす最悪シナリオ

- 生活物資は海外頼みで、外貨需要が膨らむ
- 海外投資家は通貨安を敬遠する
  ➡ 円安に
- 株式市場を支えていた外国人投資家がいなくなる
  ➡ 株式市場の暴落
- 日本の信用が失墜する
  ➡ 日本国債の暴落

金融危機

●対策
富士山噴火の予兆を察知したら
1 ➡ 保有株式で、Xデーに弱い株は売却
2 ➡ 保有債券類の半分は売却
3 ➡ 外貨資産（米ドル、ユーロ、オーストラリアドル、中国元）へ分散。日本国内の銀行は避ける。
4 ➡ （大噴火後）復興で特需のある銘柄群、特に海外株にシフトする

土地に大雨が降れば、洪水や土石流が発生する。洪水では400～1100戸の家屋が浸水、土石流では約1900戸が全壊の被害にあう。灰の堆積、洪水等による建物の倒壊は、最悪なら約4542億円の被害に。

田畑に出られず、収穫ができない。ビニール栽培などでも降灰の重みで全滅する。降灰が止んでも畑作物は1年間、収穫が不可能となる。また、牧草地も1年間は使用できず、配合飼料への切替が必要となる。首都圏の農林水産分野での生産活動は休止し、最終的には約8969億円の被害となるだろう。

もっとも、被害はこれだけではない。「富士山噴火」および「降灰で首都機能がマヒ」という事態により、外国人投資家は日本離れを始め、マーケットに大きなダメージを与える結果となる。これがまさに最悪のシナリオである。

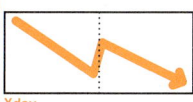
9984 ソフトバンク
投資会社の側面があり、Xデーには弱い。

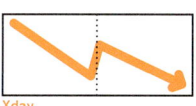
8801 三井不動産
降灰により資産価値暴落。同社運用のREIT（日本ビルファンド）も同様。

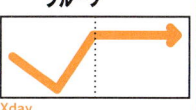
8411 みずほフィナンシャルグループ
直後の混乱で売られるが、その後持ち直す。

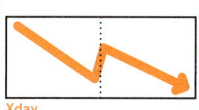
8058 三菱商事
国内の経済は停滞し、軟調。

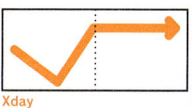
6857 アドバンテスト
降灰によって生産拠点が壊滅状態になり、装置産業は特需にわく。

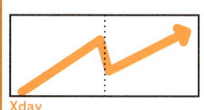
4755 楽天
外出が控えられ、インターネットでのショッピングが流行る。

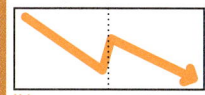
9437 エヌ・ティ・ティ・ドコモ
降灰により、基地局にダメージ。

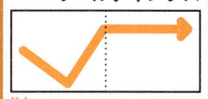
8604 野村ホールディングス
直後の混乱で売られるが、その後持ち直す。

8183 セブン‐イレブン・ジャパン
直後の混乱で売られるが、被災地での活躍が期待される。

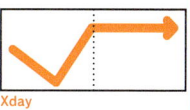
7203 トヨタ自動車
降灰を契機に買い換え需要が発生し、新車販売が好調。

Xデー直後の注目株

被害が富士山の近隣地域にとどまれば、経済への影響は小さくてすむ。だが、噴火の規模が大きければ首都圏がダメージを受け、マーケット全体が大きく揺れる。しかし反面、復興特需も見込まれる。

噴火による被害は大地震よりも影響大

もし、富士山大噴火が起こったら、復興には大地震とくらべて数倍の期間が必要となるだろう。復興がなかなか進まないのは、「噴火」そのものが一時的な出来事でないためだ。また、火山灰の被害まで含めると、経済への打撃はより広範囲なものとなる。

長期間におよぶ降灰の影響で、水道水の水質が悪化。新たな水処理プラントが必要となるので、『栗田工業(6370)』『オルガノ(6368)』などに注目が集まる。また、医薬品、なかでも目薬の需要が急増するため『ロート製薬(4527)』などが活況となる。ビジネスマンを中心に、1000万人規模で「防塵マスク」の需要が発生。高性能防塵マスクを製造する『重松製作所(7980)』『興研(7963)』などが特需にわくだろう。

さらに、粉塵の影響でシャンプーや石鹸の消費量が急増する。それにともない、滋賀に大規模な生産工場をもつ『ファンケル(4921)』は、無添加化粧品を手がけているので、女性の健康志向をとらえて攻勢にでるだろう。

富士山周辺に生産拠点のあるメーカーは大打撃を受ける。工場群の早急な復興のために活躍するエンジニアリングの『日揮(1963)』などはフル稼働となる。

流通のマヒによる経済的ダメージ

富士山噴火による降灰で道路、鉄道が分断され、日本列島の東西の物流が完全に遮断されてしまうことも考えられる。その場合は、海路が見直される。『日本郵船(9101)』『商船三井(9104)』『川崎汽船(9107)』に実需が発生するだろう。

また、生産拠点と物流網が崩壊することで、需要と供給のバランスは大きく崩れる。生活必需品は海外から調達することとなり、生活物資が値上がりしてインフレになっていく。降灰の被害が少ない水産品に人気が集中し、特需となる。

おおむね落ち着きをとり戻すには3ヵ月は必要ではないだろうか。地震の場合が1ヵ月だったのにくらべて時間がかかってくる。

さらに、日本経済にとって打撃となるのが、首都圏に居住する大多数の人が生活圏を奪われてしまうという事態である。この場合、火山灰の被害のない北海道、東北、九州、沖縄などの不動産物件が値上がりする。

また、外国人投資家にとって、富士山は日本のシンボルであることから、この「事件」が海外でどのように報道されるか、注意をはらっておく必要がある。

24

第1章・自然編　富士山が大噴火したら

Xデー銘柄

7980　重松製作所

恒常的に噴火の影響があるため、高性能の防塵マスクや、硫黄などに対する防毒マスクなどが生活必需品となる。それらの製品を手がけている同社は、有事のたびに注目される銘柄のひとつ。同様の理由で『興研（7963）』も。

420円 1000株

上昇率 高／確実度 大

1963　日揮

富士山の裾野は日本有数の工業地帯でもある。噴火により壊滅状態となった工場群の復興が急務。そこで、エンジニアリング大手の同社には工場再生の特需が舞い込む。他に『東洋エンジニアリング（6330）』も。

1160円 1000株

上昇率 高／確実度 大

6370　栗田工業

長期間におよぶ火山灰の影響で水質が悪化する。そのため従来の水処理の方法では浄化しきれなくなる。そこで、新しい水処理プラントが必要となり、同社の活躍が期待される。他に、『オルガノ（6368）』など。

1453円 100株

上昇率 高／確実度 大

4527　ロート製薬

火山灰の影響で目への負担が大きくなる。衛生状態が悪化し、医薬品の需要は急増し、製薬各社も恩恵を受けるが、目薬に特化している同社は、変化率が大きい。他に、医家向け目薬トップの参天製薬（4536）など。

1014円 1000株

上昇率 高／確実度 大

9101　日本郵船

首都圏の陸路による物流網は壊滅状態となり、海路に頼ることになる。また、生産拠点も同様に壊滅状態となり、工業品、農作物ともに海外からの輸入量が大幅にアップ。他に『商船三井（9104）』、『川崎汽船（9107）』も同様。

483円 1000株

上昇率 低／確実度 大

4921　ファンケル

火山灰の影響で、外出時の化粧品使用量は倍増する。化粧品のなかでも身体にやさしい無添加化粧品を手がける同社は、健康志向の女性にとくに注目されるだろう。その他、シャンプー、石鹸なども需要が急拡大。

3580円 100株

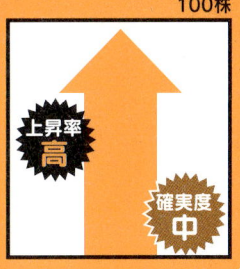

上昇率 高／確実度 中

大洪水がやってくる

巷では環境問題として地球温暖化の影響が心配されているが、実際に南極の氷が溶けて海面が急上昇するのは、何十年も先の話。それより怖いのは熱波や寒波、大雨・洪水などの気象災害だ。なかでも大洪水は世界中で多発している災害。ここでは、首都東京に大洪水が発生したときを想定してみよう。

世界各地で大洪水が多発している

気象庁では、30年に1度あるかないかという、記録的な災害をもたらす現象を「異常気象」と定義している。その異常気象が、2003年に世界各地で発生し、自然の猛威をみせつけた。フランスでは死亡者数は熱波により1万人以上が死亡。死亡者数は熱波や寒波による被害のほうが大きいが、被害総額や復興にかかる時間でいえば、大洪水のほうがはるかに深刻だ。

近年、世界各地で過去の記録を塗り替える大洪水が発生している。2000年2月、アフリカの南東部に位置するモザンビークで、過去50年間で最悪とされる大洪水が発生。犠牲者は700人を超え、100万人以上が被災した。この年の9月〜11月、イギリス南部では観測史上、最も雨が多かった。モザンビークと同様に過去50年間で最悪だという洪水にみまわれている。さらに10月、今度はバングラデシュ西部でも50年ぶりの大洪水が発生し、約1500人の死者が出ている。

日本の台風でも、農作物で620億円の被害

『平成15年版 防災白書』によれば、2002年6月29日に発生した台風6号で、死者6名、行方不明者1名、負傷者30名、住居の全壊21棟、半壊29棟、一部破損210棟、床上浸水2382棟、床下浸水7936棟の被害が発生。青森県から岐阜県にかけて延べ約19万人に避難指示・勧告が出された。

ライフラインでは、北海道・東北・東京・中部・北陸・関西電力管内で延べ約5万8700戸が停電。上水道についても岩手県で9585戸が断水したのをはじめとして、全国で1万1673戸が断水となった。

携帯電話基地局は7局が停波した。がけ崩れ、地すべり、土石流等が全国で175件発生し、道路で1321ヵ所が通行止めとなった。

農業関係では、水稲・野菜を中心とした農作物等に約620億円の被害が発生。このように膨大な経済ダメージとなっているのだ。

第1章・自然編　大洪水がやってくる

2003年世界各地で起きた気象災害

気象庁ホームページ『こんにちは！気象庁です！』より

●ヨーロッパ
◎スイス　チューリッヒ
時期：6月
内容：熱波／月平均気温22.5度C（平年＋6.9度C）
◎フランス
時期：8月
内容：熱波／ブルージュでは月平均気温25.2度C（平年＋5.9度C）
被害：フランス全土で高齢者を中心に1万名以上が死亡。

●アフリカ
◎ケニア、エチオピア
時期：4〜5月
内容：大雨／月降水量30mm（平年の3倍以上）
被害：ケニアで40名以上、エチオピアでも40名以上が死亡。

●アジア
◎インド北部、ネパール、バングラデシュ
時期：12月下旬〜1月下旬
内容：寒波
被害：約2000名が死亡。
◎インド、パキスタン
時期：5月中旬〜6月上旬
内容：熱波／インド東部のマディヤプラデシュ州では月平均気温31度C（平年＋2.5度C）
被害：インド1500名以上、パキスタン200名以上が死亡。
◎スリランカ南部　ハンバントタ
時期：5月
内容：大雨／月降水量200mm（平年の2倍以上）
被害：洪水や地滑りで約250名が死亡。
◎中国華中〜日本
時期：7月
内容：大雨／華中の南京では月降水量555mm（平年比269%）
　　　韓国の釜山では月降水量658mm（平年比254%）
被害：華中では400名以上が死亡、約58万名が避難。
　　　日本では熊本県水俣市で19名が死亡。

●北米
◎カナダ南西部〜アメリカ中西部
時期：8月
内容：小雨・森林火災／カナダのブリティッシュコロンビア州では月降水量2mm（平年比6%）
◎アメリカ中西部
時期：5月
内容：トルネード（竜巻）
被害：40名以上が死亡。5000棟以上が被害。

●南米
◎アルゼンチン北部
時期：4月
内容：大雨／コルドバ州では月降水量782mm（平年比863%）
被害：20名が死亡、4万名が避難。

2002年に起きた主な自然災害

内閣府『平成15年版　防災白書』より

発生時期	国名	災害の種類	死者数（行方不明者数・人）	被害者数（概算・人）	直接被害額（概算・ドル）
1月9日	セネガル	寒波、洪水	28	10万	
1月17日	コンゴ	火山噴火	150	60万	
1月29日	インドネシア	洪水	142		
2月19日	ボリビア	集中豪雨	77 (50)	3000	
4月26日	バングラデシュ	暴風	23〜?	10万	
5月27日	チリ	洪水	12 (211)	19万9511	
6月上旬	中国	洪水	793	8000万	22億
6月21日	ロシア	洪水	91	32万9413	4億1300万
7月13日	ネパール	洪水	(280)	5万	
7月19日	スリランカ	干ばつ		40万	
7月28日	インド	洪水	300		
8月13日	チェコ	洪水	15	22万	20億
8月30日	韓国	台風	217 (29)	7401	4.3億
9月21日	ロシア	土砂崩れ	16 (120)		
10月4日	タイ	洪水	128	328万9358	
11月13日	バングラデシュ	嵐	49 (111)		
12月11日	インドネシア	土砂崩れ	26 (100)		

死者・行方不明者100人以上、または被災者10万人以上、または直接被害総額1億ドル以上。
（OCHA資料、外務省資料をもとに内閣府において作成）

東京に大洪水が発生したら

日本では、人口の約半数が洪水危険地域に住んでいる。大洪水が起きたときの被害は甚大だ。ここでは経済にもっとも大きな影響をおよぼすという観点から、東京での大洪水を想定しマーケットの変動を見ていく。

いつ起きても不思議ではない日本の大洪水

世界中で異常気象が記録されるなか、日本だけが災害を回避できるわけがない。むしろ、世界で起きている異常気象は、「いつ日本で起きても不思議ではない」と考えるのが自然というものだ。とくに水資源に恵まれた日本では、大洪水による災害は、つねに覚悟しておく必要がある。

2000年9月、東海地方で猛烈な豪雨が発生した。河川が決壊し、名古屋全域で3万棟以上が浸水するという事態を招いた。新幹線は20時間以上ストップした。

前述のように、2002年6月の台風6号の被害は、農産物だけで620億円にものぼっている。問題なのは、台風や大雨が来ることではない。それらの被害をいかに食い止めるか、その備えと対応力が日本にあるかどうかという点だ。

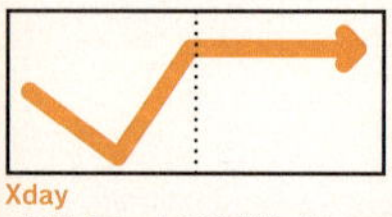

どんな災害でも被害状況を推定しなければ対策はうてない。そこで建設省（当時）が1999年に作成した『東京大水害』（企画制作：関東地方整備局荒川下流河川事務所）というビデオが参考になる。

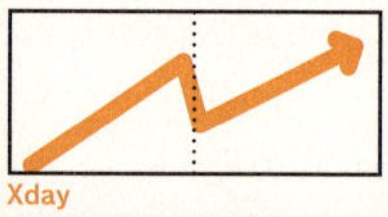

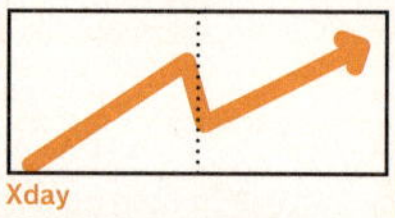

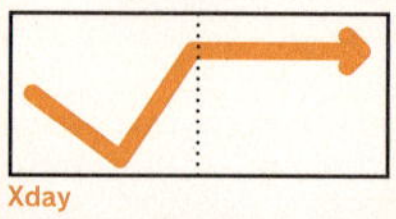

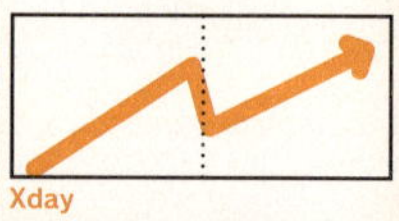

被害総額は24兆円、日本経済は水没

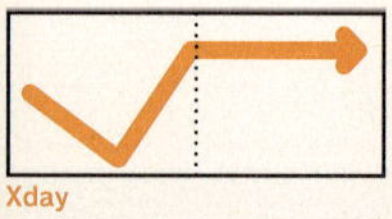

同ビデオには恐ろしいシミュレーションが展開されている。

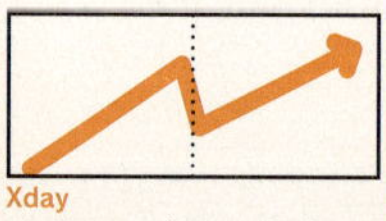

荒川の土手が決壊し、都心は水没に向かう。交通網は壊滅状態となり、床上浸水した住居では家電コンセントまで水が達し、ショートして停電。地下

人気 20銘柄はこう動く！

6701 日本電気

大洪水により通信インフラ・大型コンピュータは壊滅。買い換えが急務。

5401 新日本製鐵

被災直後から資源インフレとなり注目される。

5016 新日鉱ホールディングス

被災直後から資源インフレとなり注目される。

1808 長谷工コーポレーション

大洪水によるダメージがあるが、建物は崩壊しないので影響は少ない。

1601 帝国石油

被災直後から資源インフレとなり注目される。

6758 ソニー

大洪水によりデジタル家電は使用不能。買い換え需要あり。

6302 住友重機械工業

大洪水でダメージがあるものの、都市復興のための特需が生まれる。

5233 太平洋セメント

被災直後から資源インフレとなり注目される。

4502 武田薬品工業

水害により薬局や病院の薬に被害。その後フル操業となる。

1801 大成建設

大洪水によるダメージがあるが、建物は崩壊しないので影響は少ない。

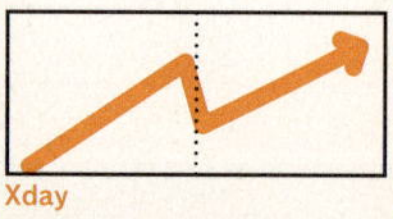

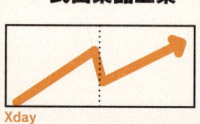

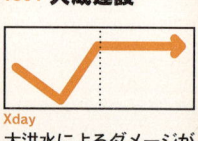

第1章・自然編　大洪水がやってくる

日本では半数の人が洪水氾濫区域に住む

日本は、国土面積の1割にすぎない洪水氾濫区域に、50％もの人口と75％もの資産が集中している。Xデーがくれば、深刻な被害が予想される。

森林・原野	67％
河川・湖沼	3％
氾濫区域外可住地	20％
洪水氾濫区域	10％

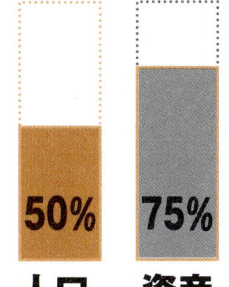

人口 50％　資産 75％

東京大水害の被害予想「24兆円」の算出方法

建設省（当時）のビデオ『東京大水害』では、平成12年5月に同省が定めた「治水経済調査マニュアル（案）」にのっとり、「家屋」「家庭用品」などの一般資産の想定被害額に、「農作物」「公共土木施設」などの被害額、そして「営業停止にともなう想定被害」など、すべてを加えて算出している。

鉄に入り込んだ泥流が市民の足を止める。浸水域の一戸建て住宅では2階にも浸水し、住民は屋根の上で夜を明かすか、近隣のマンションに避難することになる……。

都心が完全に水没するので、東京株式市場は閉鎖となる。銀行のATMが水没した影響は地方にも波及し、実質的に預金封鎖状態となる。被害総額は24兆円。日本経済は打撃を受け、その影響は世界に広がっていく……。これがビデオ『東京大水害』の内容である。このビデオでは、200年に1度という水害発生を想定して被害シナリオが作られている。しかし、世界では現在、何十年に一度といった災害がざらに起きており、東京大洪水も空想の世界の出来事ではなくなってきている。

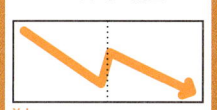

9984 ソフトバンク
IT関連は、水害により壊滅状態となる。ヤフーBBの復活は難しい。

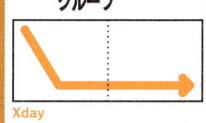

8801 三井不動産
水害により資産価値が下落。

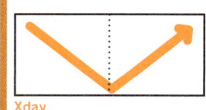

8411 みずほフィナンシャルグループ
水害でオンライン網が混乱。最悪、信用不安も。

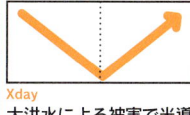

8058 三菱商事
一時、国内の経済は停滞し、苦戦をしいられるが回復も早い。

6857 アドバンテスト
大洪水による被害で半導体需要が急拡大。

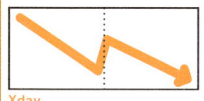

4755 楽天
一般家庭のパソコンは水害のダメージが大きい。機会損失が大きい。

9437 エヌ・ティ・ティ・ドコモ
水害により、長期間、通話不能の恐れあり。

8604 野村ホールディングス
水害により、取引所が閉鎖。復旧までの機会損失が大きい。

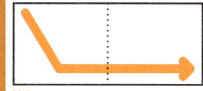

8183 セブン-イレブン・ジャパン
水害で、店舗運営が困難になる。復旧までの機会損失が大きい。

7203 トヨタ自動車
大洪水により廃車、買い換え需要が発生し、新車販売が絶好調に。

Xデー直後の注目株

東京大洪水は首都圏経済を仮死状態に至らしめる。直後は食料の確保、最低限のライフラインの復旧に全力が注がれるが、やがて停止状態のコンピュータネットワークが立ち上がり、経済全体が覚醒する。復興に向け、インフラから生活関連にいたるすべての分野で「特需の洪水」が発生する——。

『スズキ（7269）』、半導体の故障で使えなくなった家電の需要が高まり家電メーカーの『松下電器産業（6752）』や家電販売の『コジマ（7513）』が特需にわくことになる。

Xデー後の株式市場は、大暴騰となるだろう。株式マーケットは、バラ色が少なくとも1年は続くことになる。何に投資をしてもそれなりの成果があるが、政府の施策によって大きく変化する可能性があるのがライフラインの再構築だ。電気の供給、熱源の供給は、地区ごとに小型の発電システム（燃料電池やガスタービン）となり、オール電化の生活へと一気に進むので、さらにバラ色のシナリオもありうるだろう。

東京大洪水をきっかけに、これまで手つかずだった地域の再開発が始動。一方、大水害の再来をおそれ、一時的に避難していた住民が危険地域に戻れなくなる。そしてデベロッパー（土地開発業者）が活躍し、水害に強い都市再構築が一気に進む——。

家のリフォーム需要で『ペイントハウス（1731）』、自動車の買い換え需要で『トヨタ自動車（7203）』。東京には道路や病院など企業の基幹インフラが豊富なため、復興スピードは速い、という観測もある。

1週間後から全面的な特需がスタート

『東京大水害』の被害シナリオが現実となった場合には、東京兜町の証券取引所は取引停止となり、コンピュータネットワークの多くが停止。オンラインもストップし、電力などのライフラインは壊滅状態。道路も封鎖、生活物資の輸送もおぼつかない。

しかし、水が引けば事態は好転するので、長くて1週間で落ち着きをとり戻すことができよう。

そこからの復興特需は天文学的な数字となる。「衣食住」すべてが水浸しなのだから、新品購入の必要が出てくる。

真っ先に注目される食料・農産物関連

まず、現実に多発している海外の異常気象による農作物への影響をみておこう。

日本の食料の自給率は40％（平成14年度）と主要先進国の中でも最も低い。食料品に絡んだ企業『食品輸入商社』『食品メーカー』『小売業』に影響がでる。さらに被害の影響が長期化すれば、野菜などを自家栽培する家庭が増えていくだろう。

したがって、「Xデー銘柄」としてはふれていないが、『ホーマック（9840）』『ケーヨー（8168）』といったホームセンターや『カネコ種苗（1376）』『サカタのタネ（1377）』などの種苗会社が注目される。

第1章・自然編　大洪水がやってくる

Xデー銘柄

7269　スズキ
1676円　100株

「市民の足」として生活必需品となっている軽自動車。同社はトヨタ自動車と同様に早い段階での買い換え特需が発生するだろう。他のメーカーと比べて生活密着度が高いと考えられる点も上昇要因。

上昇率 高　確実度 大

1731　ペイントハウス
3万9600円　1株

他の災害と違い、焼失によって全壊とはなりにくい。多くの人は住宅の修復、リフォームの対応で急場をしのぐだろう。強靭な営業部隊をもつ同社は、特需の恩恵を最大限に受けることが可能である。

上昇率 高　確実度 中

7513　コジマ
1220円　100株

家電量販店「コジマ」を運営。規模のメリットを最大限享受できる。松下と同様の理由で恩恵大。また本社が宇都宮のため、管理機能が破壊される心配が少なく、いち早く量販体制を敷くことができるだろう。

上昇率 高　確実度 大

6752　松下電器産業
1623円　1000株

水害の影響で大半の電気製品が壊れてしまう。白物家電からデジタル家電まで、幅広い製品ラインナップを誇る同社には恩恵大。また、多くの生産拠点が被災地と離れた関西地域にあり、量産体制をとりやすい利点もある。

上昇率 高　確実度 大

9892　卑弥呼
1950円　1000株

衣服は洗濯すればきれいになるが、靴は使えなくなるので新たに購入せざるをえない。とくにファッションに敏感な女性向け商品を製造販売している同社は、規模、収益性の両面から恩恵を受ける。他に『リーガルコーポレーション（7938）』。

上昇率 高　確実度 大

7203　トヨタ自動車
3870円　100株

水害で多くの自動車が廃車となり、買い換えが急増する。手元資金の豊富な富裕層は、早い段階で買い換えに動く。クラウン、セルシオなど、富裕層向け車種の豊富な同社は、早期に復興特需の波がおしよせる。

上昇率 高　確実度 大

Xデーの投資戦略①
天災と人災(テロ)への備えができている企業に注目せよ

米国では2001年の同時多発テロをきっかけにテロ保険法が成立し、国際テロによる企業の損害への補償を政府が肩代わりするシステムができた。こうした制度のない日本では、リスク対策について企業ごとの差がつきやすいのが現状だ。

大成火災海上が経営破綻

2001年11月22日、中堅損害保険会社の大成火災海上保険が、アメリカ同時多発テロにともなう保険金支払いで債務超過に陥る見通しになったとして、一般企業の会社更生法にあたる更生特例法の適用を東京地裁に申請した。

損害保険会社は、保険金額が正確にわかるまで時間がかかっていた。

大成火災海上保険も、海外の損保から航空保険の再保険を引き受けていた。大成火災では、当初は米同時テロで被害を受けた航空機に関する再保険支払い額を約8億円と見積もっていたが、最終的には744億円に達し、自力での事業継続を断念した。

米でテロ保険法が成立するまで

ブッシュ米大統領は、2002年11月26日、米国内でテロが再発した際、保険会社が支払う保険金の一部を「政府」が肩代わりする「テロ保険法案」に署名し、同法が成立した。

米政府は2001年9月11日の同時多発テロの直後から、同法の整備を議会に求めてきたが、与野党の対立があり法案審議が進まなかった。

法案成立の遅れから保険会社が高層ビルなどの保険の引き受けを拒否する事例が頻発。その結果、米国内では無保険状態の建造物が急増する事態となっていた。

これは2003年から3年間の時限立法で、保険業界のテロ被害に対する保険金支払い総額が「一定額」を超えた場合、政府がその超過分の9割の支払いを肩代わりするというものだ。

初年度の2003年は、100億ドルを超える分が肩代わりの対象となり、その後は毎年25億ドルずつ「一定額」の水準を引き上げることになる。このテロ保険は、国際テロリズムによる損害に限定されていて、国内テロは対象とはならない。

同時多発テロによって保険会社が支払った保険金額は、建物などの物的損害への保険請求に限ってみても、数百億ドルに達したもようだ。

その結果、国際テロの再発を危惧する保険各社は、保険金支払いの対象から「テロによる損害」の補償を外すことになった。それが原因で、テロが起きた際、補償が受けられない不動産への融資が滞り、「テロ保険法」の成立が求められていた。

立ち遅れが目立つ日本企業

2003年9月、ブリヂストンと新日本製鐵の工場で大きな事故が発生した。こうした事例が、世界の政情不安が長い間「平和ボケ」だった日本企業にも保険の必要性を痛感させ始めた。

テロ保険で重要なことは、主に地理的な条件だ。東京の場合、たとえば六本木ヒルズは「地震のときにはあそこにいけば安心」といわれるほど対策が進んでいるビルだが、テロの標的になりそうだということで、テロ保険の保険料は高くなるという。

ここで問題となるのが、日本の損害保険会社が、2002年4月以降、資産価値10億円以上の大型物件については、テロの被害を補てんしないという「テロ免責」を設けている点だ。

すなわち都心の大型ビルは、日本の保険会社の保険ではなく、欧米の保険会社の保険に加入しなければ安心できないことになる。

いずれにせよ、Xデーがきて初めて「入っておけばよかった」では遅い。逆に見れば、テロ保険に加入して対処している企業に注目しておきたいところだろう。

[以上、「ウェッジ」2004年2月号「イラク派兵でうごめき始めたテロリズム保険」を参照してまとめた]

Xデーの投資戦略②
「値下がりリスク」と「信用リスク」の対処法を考えよ

株式投資には「値下がりリスク」と「信用リスク」がともなう。投資家は日頃から株式投資のリスクに備え、すばやい判断で行動してみずからの投資資金を守る必要がある。リスクに対処するすばやい実行力をもつ人は、Xデーにも勝つ。

大型倒産30社 負債額のランキング

順位	倒産年月	社名	都道府県	業種	負債額(100万円)
1	2000.10	協栄生命保険(株)	東京	生命保険業	4,529,693
2	2000.10	千代田生命(相)	東京	生命保険業	2,936,600
3	1998.9	(株)日本リース	東京	各種リース・金融	2,180,300
4	2001.9	(株)マイカル	大阪	スーパー	1,600,000
5	1997.4	クラウンリーシング(株)	東京	総合リース業	1,187,400
6	1996.10	日榮ファイナンス(株)	神奈川	住宅ローン保証	1,000,000
7	2001.3	東京生命保険(相)	東京	生命保険業	980,200
8	2000.5	(株)ライフ	東京	信販・クレジット	966,300
9	1996.11	末野興産(株)	大阪	不動産業	716,000
10	2000.7	(株)そごう	大阪	百貨店	689,100
11	1997.12	(株)東食	東京	食品商社	639,700
12	1997.4	日本トータルファイナンス(株)	東京	金融業	618,000
13	2000.6	日本ビルプロチェクト(株)	東京	不動産業	560,000
14	1997.11	たくぎん抵当証券(株)	北海道	抵当証券業	539,100
15	1993.11	村本建設(株)	大阪	総合建設業	530,000
16	1985.8	三光汽船(株)	大阪	海運	520,000
17	1994.10	日本モーゲージ(株)	東京	証券・不動産担保金融	518,400
18	2000.7	(株)西洋環境開発	東京	不動産業	517,506
19	1997.7	東海興業(株)	東京	総合建設業	511,000
20	1999.6	山一證券(株)	東京	証券業	510,000
21	1999.3	(株)アポロリース	東京	金融業	500,000
22	1999.3	エヌイーディー(株)	東京	VC	500,000
23	2002.10	エスティティ開発(株)	東京	不動産業	492,200
24	2000.6	(株)イ・アイ・イーインターナショナル	東京	不動産業	476,400
25	1998.6	(株)第一コーポレーション	東京	金融業	475,300
26	1999.5	日本ランディック(株)	東京	不動産業	471,200
27	2000.8	飛栄産業(株)	東京	不動産業	450,000
28	2002.3	佐藤工業(株)	東京	総合建設業	449,900
29	2000.11	インターリース(株)	東京	金融業	443,800
30	2001.11	大成火災海上保険(株)	東京	損保	413,100

株式投資のリスクを再認識する

株式投資をするときのリスクは2つある。「値下がりリスク」と「信用(倒産)リスク」だ。

値下がりリスクとは、投資した株が値下がりすること。多くの人は、値下がりしても我慢して持っていれば、「いずれ元に戻るだろう」と思い込んで保有し続ける。しかし、投資効率を考えれば、損の少ないうちに現金化(ロスカット)して、新たな投資機会を探すのが賢い投資家だ。

信用リスクは、会社が倒産や法的処理(一時国有化など)で、上場廃止になり、株式が無価値になってしまうこと。いくら待っても、絶対に元には戻らない。

2003年には上場企業で20社(日本コーリン、森本組、マツヤデンキなど)、2002年は29社が倒産している。投資家としてはこうしたリスクには最大限注意を払いたい。

「資産」の合計金額よりも「負債」の合計金額が大きい場合、「資本」の金額がマイナスになっている「資本」の金額がマイナスになっている(債務超過(貸借対照表において)100円以下、公認会計士が監査を承認するときに条件をつけた(決算書に注記がある)企業は、要注意だ。

借金の多い会社、新聞や雑誌で悪い噂が立っている会社には何かある、と考えたほうが無難である。「火のないところに煙はたたない」のだから。

もし、すでに「倒産予備軍」の株を保有していたら、損が出るからとか、まだ希望がある、などと考えずに、すぐ現金化することをおすすめする。

国内の株式市場には3000社以上の投資対象があるのだから、わざわざ危ない会社に投資する必要はまったくない。その会社のXデーにおつきあいする義理はないだろう。

事前に何をするかが勝負

第3章では、日本そのものが倒産してしまうXデーについてのシナリオをご紹介するが、日本が破綻してしまうことは、われわれ個人レベルではどうにもならない。防ぎようがないのだ。

しかし、倒産しそうな会社の株は持たないのと同様に、大規模リスクには事前にそれなりの対策をうっておけば、被害を最小限に抑えることができるだろう。

世界でテロが頻発するなか、日本社会も安全と平和への緊張が高まっている。マーケットをおびやかす「負の出来事」への対処方法を紹介しよう。さらに、投資家に歓迎されるプラスのニュースへの対応術も身につけ、両面作戦でXデーへの備えを万端にしておく。

第2章 社会・政治編

- 自爆テロ
- 生物・化学テロ
- 原子力発電所暴走
- サイバーテロ
- 隣国からミサイル着弾
- 米国が京都議定書批准
- ASEANとFTA調印
- 元の自由化
- カジノ合法化

社会・政治イベントとは？

いま最も恐ろしいイベントそれはテロである

2004年3月11日、スペインの首都・マドリードで起きた爆破テロでは、200名を超える一般市民が犠牲になった。爆発は、通勤電車が到着する都心のターミナルや駅付近の列車内などで起きた。4～5分の間に10個の爆弾が爆発したという。分離独立を求める国内のテロ組織は容疑を完全に否定。新たにイスラム過激派の国際テロ組織の犯行という可能性が浮かび上がっている。

大地震や洪水に比べれば、テロなどはダイレクトな経済的ダメージは小さい場合が多い。けれどもそれは市民の生活マインドに打撃を与え、長期にわたって経済をむしばむ。短期ではテロの種類や規模に応じてさまざまな銘柄が物色されるだろう。

天災は起こったときのために備えをすることはできるが、「起きないようにする」ことは難しい。近年多発する世界規模の異常気象は「人災」の要素も大きいが、ひとたび始動しはじめた自然の力はとてつもなく大きく、ストップをかけるのは容易ではないのだ。

すなわち天災に対しては、被害を最小にする事前の備えと事後の復旧以外に手だてがないといえる。

この章で扱う「社会・政治イベント」は、人間が関与するものである。人々がそれを回避するために必要な施策をこうじれば、回避できる可能性はある。しかし、利害関係、思惑や面子などが交錯し、事態のコントロールができなくなる。そこには加害者と被害者が共存する。これが「天災」と「人災」の大きな違いといえる。

事前の備えが明暗を分ける

2001年9月11日の米国同時多発テロ事件の直後、株価は世界的に全面安となった。マドリードの列車爆破テロの直後も、全面安にふれている。投資家の心理は冷え込み、息をひそめて事態を見守ることになる。このようなテロなどの「人災」について、個人投資家はどのように対処すればいいのだろうか。

天災は回避できないが、人災である社会・政治イベントは、まず回避の努力が重要であることはいうまでもない。それでも起きてしまう「その日」に、どのように備え、どう立ち向かっていけばよいのか。そしてそのイベントをどう銘柄選びに結びつけ、変動する市場で勝ち残るか、その作戦を次ページから紹介する。さらには「チャンス」に変える銘柄金銭的被害を最小限に止める方法、について、検討していきたい。

なお、社会・政治イベントには「ポジティブなもの」もある。そのなかで本章では、「京都議定書が批准される日」「カジノが解禁される日」などをとりあげた。

世界テロ危険地域マップ

●ロシアでは
プーチン・ロシア大統領は、チェチェンのイスラム過激派のテロと戦い抜く決意を示している。チェチェン共和国では、政府軍がロシアからの分離・独立を求める武装勢力に対する掃討作戦を継続中。武装勢力側は、爆破テロとゲリラ攻撃で対抗している。

ロシアでの自爆テロが止まらない
2003年12月5日、ロシア南部のスタブロポリ地方エセントゥキ駅付近を走行中の列車が爆破されて36人が死亡、150人以上が負傷した。インタファクス通信は捜査当局の話として、女性による自爆テロだったと伝えた。

2004年2月6日の朝、モスクワ市内で走行中の地下鉄車両が爆発する事件が起きた。内務省によると39人が死亡、負傷者113人が入院した。市検察当局はチェチェンのイスラム武装勢力による自爆テロの疑いが濃いとみて捜査を開始。ロシアでは3月14日の大統領選挙を前に、プーチン政権の威信低下を狙ったものとみられている。プーチン大統領は、マスハドフ・チェチェン前大統領派の犯行だと報道陣に指摘して「ロシアはテロリストと交渉せず、彼らをせん滅する」と語ったが、マスハドフ氏は声明で犯行を否定した。

●イランでは
イランには多数の核関連施設が存在する。米国ブッシュ大統領は、北朝鮮とともに「世界でもっとも危険な体制」と非難している。一方、パキスタン政府は2004年1月31日、同国の「原爆の父」と呼ばれ、同国の国民的英雄だった首相顧問・カーン博士を更迭した。ムシャラフ大統領は、核拡散への国家の関与を否定している。

また、国際原子力機関（IAEA）のエルバラダイ事務局長は、2月5日に非公式に行われた理事会で、イランやリビアに対するIAEAの最近の核査察結果によって、核物質や兵器などを取引する「闇市場の存在」がわかってきたと述べた。テロ組織の核開発の可能性が浮き彫りになりつつある。

●東南アジアでは
バリ島の爆弾テロ（2002年10月、202人が死亡）が記憶に新しいインドネシアは、イスラム教を信仰する人たちが多数派であり、「イスラム教の独立国家を目指す」運動が続いている。

なかでも西の端にあるアチェ州では、スハルト政権の時代から独立運動が激しく、政府による弾圧が行われていた。1998年にスハルト政権が崩壊し、ハビビ政権、ワヒド政権を経てメガワティ政権に移行していくなかで、一時政府と独立運動派に和平協定が成立するも、2003年5月に東京で開催された停戦協議は決裂。政府による独立派鎮圧が復活し、3ヵ月間で死者700名の惨劇が伝えられている。

●アフガニスタンでは
2004年2月22日、英紙『サンデー・エクスプレス』は米情報筋の話として、米英軍の特殊部隊が、ウサマ・ビンラディンを、アフガニスタン国境に近いパキスタン西部の十数キロ四方の範囲に追いつめたと報じた。同紙によると、米軍は同氏が逃げるのは不可能だと確信しているという。その後「発見された」との報道はなされていない。

アフガニスタンでの自爆テロが止まらない
アフガニスタンでは2004年1月4日、ロヤ・ジルガ（国民大会議）で新憲法が採択された。タリバンなどは新憲法を非難しテロを予告。その後アフガニスタン南部カンダハルの路上で1月6日、爆弾テロとみられる大きな爆発があり、少なくとも16人が死亡し52人が負傷した。治安当局者は「旧政権タリバン勢力の犯行」と語った。

（新聞の報道記事をもとに作成）

世界中で起きているテロ

世界に悪意が満ちている。2001年9月11日以降、テロが「いつ、どこで起きるかわからない状態」にあることを意識した社会行動が求められている。ビジネスも例外ではない。投資家も、テロによるリスクを意識し、グローバルな視野で資産管理をする必要がある。

　イスラエル軍放送によれば、イスラエルのシャロン首相は2004年1月13日、アラブ遊牧民ベドウィンのイスラエル軍兵士に対する演説で、ガザ地区について「いつか駐留しなくてもいい日が来ることを望んでいる」と全面撤退に言及した。現在、ガザ地区では17ヵ所の入植地に約7700人のユダヤ人が居住している。それに対して、パレスチナ人の人口は約100万人。パレスチナ過激派による攻撃とイスラエル軍による難民キャンプ侵攻が繰り返され、紛争が泥沼化している。

イスラエルでは●

イスラエルでの自爆テロが止まらない

　2004年1月29日朝、エルサレム中心部で路線バスを狙った自爆テロがあった。実行犯を含めて、少なくとも11人が死亡、40人以上が負傷したという。これは1月28日にガザ地区に侵攻したイスラエル軍とパレスチナの原理主義組織「イスラム聖戦」が衝突、活動家ら9人が死亡しており、その報復の可能性がある。

　さらに2月11日、今度はガザ地区で戦闘があり、イスラエル軍とパレスチナ武装勢力が衝突。銃撃戦ではパレスチナ人15人が死亡、少なくとも50人が負傷したという。シャロン首相が2月2日にガザ地区のユダヤ人入植地撤去を表明してから最大規模の衝突となった。

スペインでは●

　スペインの首都マドリードで、2004年3月11日、列車爆破テロが発生。通勤時間帯の駅構内や、電車内4ヵ所で10個もの爆弾が爆発。犠牲者は200人を数えた。3月12日の東京株式市場で日経平均株価は3日続落。このテロが心理的な重しとなり、利益確定売りで株価が抑えられた。

　一方、ロンドン発行のアラブ紙『アルクドス・アルアラビ』は11日、マドリードの列車同時爆破テロで、国際テロ組織アルカイダ系の「アブハフス・アルマスリ旅団」を名乗る組織から犯行声明が届いたと報じた。この組織は、2003年11月には「自衛隊をイラクに派遣すれば、東京でテロ」などと警告した声明を出している。その信びょう性は不明。フランス公共ラジオによると、声明はスペインを「米国同盟国」とした上で「誰がスペイン、英国、日本、イタリアをテロから守ってくれるのか」と、日本を名指していた。

イラクでは●

　ブッシュ大統領による戦争終結宣言後、フセイン前大統領が発見・拘束された後も自爆テロなどは続いている。イラク南部サマワに入った日本の自衛隊へのイラク国民の期待は大きいものの、経済支援が伴わないなど、地域住民との軋轢も指摘されている。決して安全な場所ではなさそうだ。

イラクでの自爆テロが止まらない

　2004年2月1日、イラク北部アルビルで、クルド民主党（ＫＤＰ）とクルド愛国同盟（ＰＵＫ）の党本部で、ほぼ同時に自爆テロが発生し、100人以上が死亡。イラク暫定内閣のジバリ外相は「事件はイスラム過激派の犯行」との見方を示した。2月4日には、国際テロ組織アルカイダとつながりがあるとみられるイスラム組織「アンサール・アルスンナ」が、ウェブサイトに犯行声明を掲載。アンサール・アルスンナは、アフガニスタンから逃れてきたアラブ系のアルカイダメンバーらで構成され、イラク北東部ほかでＰＵＫなどと衝突を繰り返してきた。

日本で自爆テロ多発

近い将来、日本の首都圏に「自爆テロ」が起こる可能性を否定できなくなってきた。政府が事前にテロリストの動きをキャッチし、すばやく回避できるだろうなどと考えてはいけない。政府はそれほど有能ではない。自分の身の安全を確保し、マーケットに目を向けよう。

日本でもテロの可能性は十分考えられる

アルカイダによるアメリカ同時多発テロ(2001年9月11日)以降、世界各地で紛争やテロが多発している。その中で、日本だけが例外というわけにはいかない。

サウジアラビアの週刊誌『アルマジャッラ』は2003年11月16日、国際テロ組織アルカイダの指導者と名乗る人物から「警告」を受け取ったと報じた。「日本が経済力を破壊され、神の戦士たちに踏みつけられてもいいのならイラクにくればいい。我々の攻撃は東京の中心に及ぶだろう」と予告してきたという。同記事は、「警告が本物かどうかは不明だが、イスラム過激派が日本を『敵』に位置付け始めたことを示すものだ」と締めくくっている。

小泉総理がアメリカのイラク攻撃支持を表明した会見は、アラブ諸国のテレビでも繰り返し放送され、日本がアメリカの盟友であることを印象づけた。幸い国内でのテロは起きていないが、不安が払拭されたわけではない。

2004年3月11日、スペインの首都マドリードで列車爆破テロが発生。犠牲者は200人以上にのぼった。ここでも『アルマジャッラ』は、前回と同じ組織から犯行声明が届いたと報じた。その真偽は現在も調査が続いているが、日本がテロを他人事とはできない現実は、どんどん進みつつある。

人気20銘柄はこう動く！

6701 日本電気 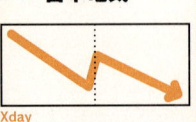
Xday
テロにより経済活動が低迷し売上減少。

5401 新日本製鐵 
Xday
テロにより経済活動が低迷し新規受注が激減。

5016 新日鉱ホールディングス 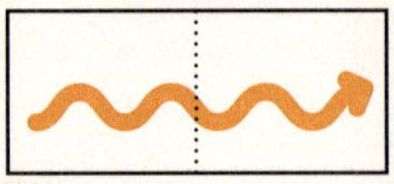
Xday
直接の被害がなければ影響は少ない。

1808 長谷工コーポレーション 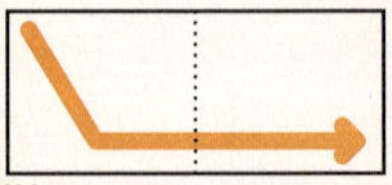
Xday
テロにより経済活動が低迷し新規受注が激減。

1601 帝国石油 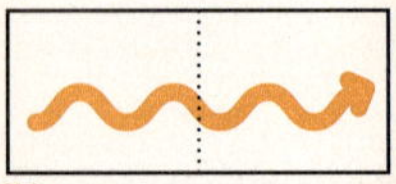
Xday
直接の被害がなければ影響は少ない。

6758 ソニー 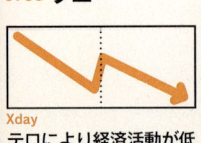
Xday
テロにより経済活動が低迷し売上減少。

6302 住友重機械工業 
Xday
テロにより経済活動が低迷し新規受注が激減。

5233 太平洋セメント 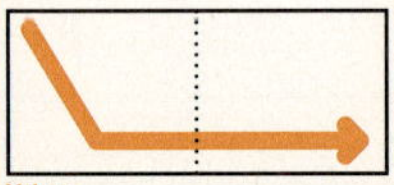
Xday
テロにより経済活動が低迷し新規受注が激減。

4502 武田薬品工業
Xday
直接の被害がなければ影響は少ない。

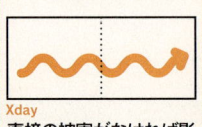

1801 大成建設 
Xday
テロにより経済活動が低迷し新規受注が激減。

第2章・社会 政治編　日本で自爆テロ多発

テロ直後、マーケットはこう動いた

1995年3月20日
「地下鉄サリン事件」
国内での大規模テロはこれが初めてだが、この恐怖が繰り返されるとの認識は少なく、影響も限定的だった。

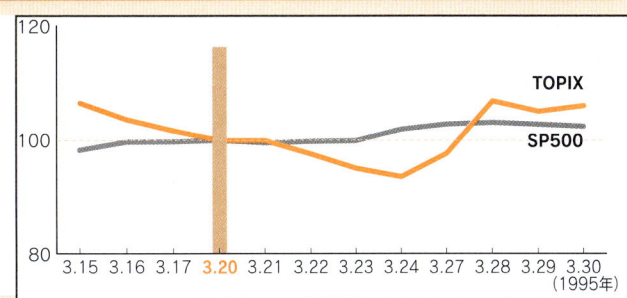

2001年9月11日
「アメリカ・同時多発テロ」
米国市場は4日間閉鎖、その間日本マーケットは下落、米国再開後、急速に持ち直した。

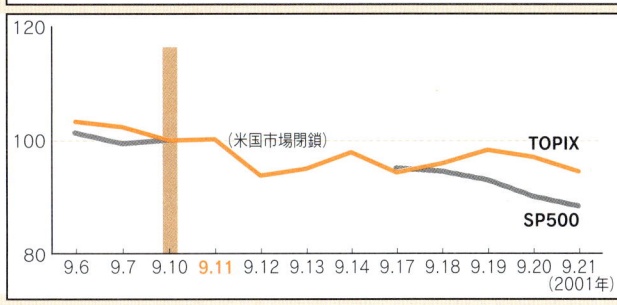

2004年3月11日
「スペイン・列車爆破テロ」
国際的に地政学的リスクが高まったと認識され、大きく売り込まれたが……。

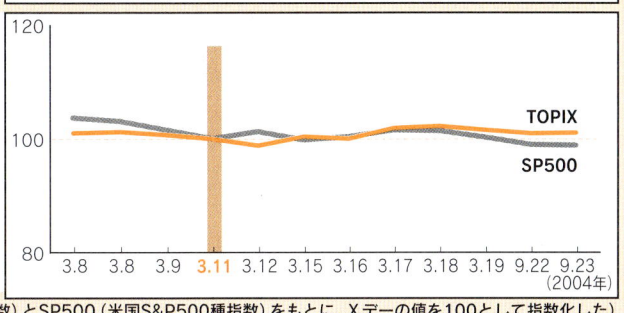

TOPIX（東証株価指数）とSP500（米国S&P500種指数）をもとに、Xデーの値を100として指数化した

9984 ソフトバンク
テロの不安により外出を控え、インターネットの利用が活発に。

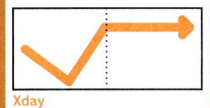

8801 三井不動産
高層ビルがテロの標的になる可能性がある。

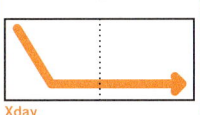

8411 みずほフィナンシャルグループ
テロの標的になる可能性は捨てきれない。

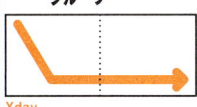

8058 三菱商事
テロの多発により海外プロジェクトの縮小。

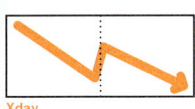

6857 アドバンテスト
テロにより経済活動が低迷し新規受注が一時激減。

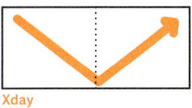

4755 楽天
テロの不安により外出を控え、インターネットの利用が活発に。

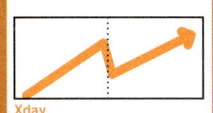

9437 エヌ・ティ・ティ・ドコモ
テロの不安により外出を控え、通話時間が伸びる。

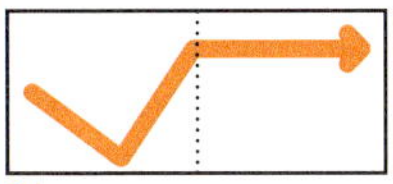

8604 野村ホールディングス
テロによる影響でマーケットが低迷。

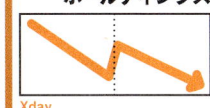

8183 セブン-イレブン・ジャパン
テロの標的になる可能性は捨てきれない。来店客激減も。

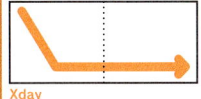

7203 トヨタ自動車
国内は心理的な影響により買い控えるが、海外はフラット。

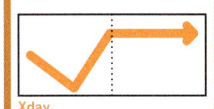

Xデー直後の注目株

日本で自爆テロが起きる可能性がマスメディアなどで語られはじめた。政府による危機管理が進められているとはいえ、その実効性は疑わしい。東京のビジネス街で自爆テロが起きた場合の市民のリアクション、市場の動きを予測する。これもセルフディフェンスというものだ。

テロ予告などに備えてリスク管理

2003年度、政府はテロリストの侵入対処に192億円、不審船対処に90億円、防衛力整備に7630億円の予算を計上している。テロ発生後には防衛予算が大幅に増額され、軍備はもちろん、セキュリティ強化に膨大な配分がなされることになる。

空港では、出入国時の検査強化（角膜認証などを導入）、海岸線等では警備強化、監視カメラの設置などが進められる。都市部でも、テロ未然防止を目的に監視カメラの設置、高層ビルのセキュリティ強化などに「特需」が発生するに違いない。

その関連銘柄としては、防犯カメラを中心とする監視システムを得意とする『池上通信機（6771）』『松下電器産業（6752）』『日本無線（6751）』『デジタルアーツ（2326）』『TOA（6809）』『ユニオンホールディングス（7736）』などがある。高層ビルなどの警備強化では、『綜合警備保障（2331）』『セコム（9735）』『CSP（9740）』に注目したい。

生活マインドが変化し、人々は外出しなくなる

今、世界各国における民族紛争を、テロ行為で解決しようとする動きがある。さらにさまざまな組織が秘密裏に「テロ専門教育」を施しているという噂もある。テロとの戦いを国際社会の正義だとする米国の同盟国日本も、自爆テロの標的から外れているわけではない。

東京のビジネスの中心地、または官庁街で自爆テロが発生すれば、市民はその直後から防御態勢に入るだろう。次に起こるであろうテロに備え、防塵マスクなどの防御保護員が飛ぶように売れはじめるのはいうまでもない。テロによる実際の被害額より、市民の生活マインドの激変により生じる経済への影響のほうが大きいはずだ。休日に小旅行を楽しんでいた人々が、外出を控えるようになる。家庭内での娯楽ニーズが高まり『任天堂（7974）』の人気が沸騰——。また、危険な都心から田舎への移住といった現象も起きるだろう。

国防の拡充が声高に議論されはじめ、まるで戦時下のようになる。防衛予算が膨れあがるので「防衛関連銘柄」が買われる。

具体的には『三菱重工業（7011）』『石川島播磨重工業（7013）』『三菱電機（6503）』『川崎重工業（7012）』『新明和工業（7224）』『日本アビオニクス（6946）』など、金融マーケットは、事態が落ち着くまで閉鎖される可能性もある。

第2章・社会 政治編　日本で自爆テロ多発

Xデー銘柄

7309　シマノ
2500円
100株

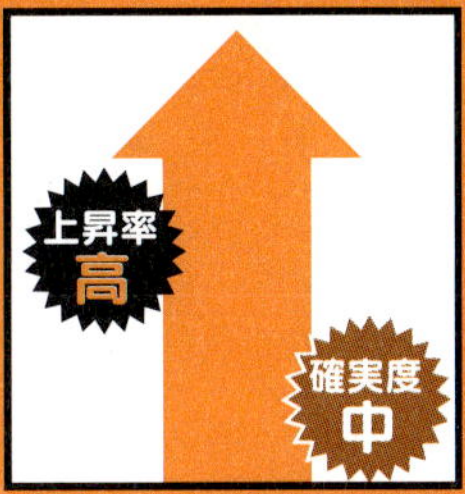

自爆テロを警戒して、人々が地下鉄などの公共交通機関を避けるようになり、自転車で移動する人が増える。自転車部品の世界ブランドである同社の受注は拡大する。他に、自転車メーカーなども上昇が見込まれる。

上昇率：高
確実度：中

6771　池上通信機
249円
1000株

治安の悪化が懸念され、港湾や人が集まるところでの警戒が強まると、監視カメラによる警備体制が必須となる。そこで監視カメラシステムの需要が急激に拡大するため、高度な監視技術を持つ同社の株価は大きく上昇。

上昇率：高
確実度：中

7974　任天堂
1万470円
100株

自爆テロを警戒して、休日の外出を控えるようになり、家の中で過ごす時間が増える。そこで、家の中の最大のレジャーであるテレビゲーム最大手の同社の人気は沸騰することに。ファミコン・フィーバーの再来か。

上昇率：高
確実度：大

6946　日本アビオニクス
286円
1000株

NEC系で、センサーや通信、ミサイル制御などの防衛用電子機器の大手。とくに防衛関連に4割の比重があり、NECの防衛戦略子会社として、防衛意識の高まりとともにがぜん注目されるだろう。

上昇率：高
確実度：中

9735　セコム
4730円
500株

自爆テロへの警戒から、大型ビルなどの有人警備が強化される。とくに高度なノウハウを持つ同社は、個々のニーズに細かく対応できるのが強み。米国同時多発テロの際にも注目された経緯がある。

上昇率：高
確実度：中

7011　三菱重工業
343円
1000株

日本で自爆テロが起きる可能性が高まれば、政府は警戒態勢を敷き、防衛予算を大幅アップすることに。その結果、防衛・宇宙分野に強い同社に注目が集まる。三菱グループ各社も同様である。

上昇率：低
確実度：大

生物・化学テロで汚染

生物・化学テロは、国内でいちばん可能性の高いテロだろう。政府レベルでは「炭疽菌」や「天然痘ウイルス」、または「サリン」等の化学物質によるテロへの対処が進む。ワクチンの備蓄などは政府に任せるしかないが、株価の変動への対策は、私たち自身の手で立てることが可能だ。

日本の都市でウイルスがばら撒かれる日

米国同時多発テロの直後、炭疽菌を使用した郵便物テロが相次いだ。多くの専門家は、テロでは隠匿が容易で致死率が高い「炭疽菌」が最大の脅威だと考えている。

「天然痘ウイルス」が使用されるという説もある。天然痘は、大痘瘡ウイルスによって起こる感染性と致死率の高い伝染病だ。

高度なテロ訓練を受けたテロリストが、入国前に天然痘ウイルスを浴び、飛行機に乗って日本を目指すとする。新顔で疑惑リストになければ、入管を突破するだろう。発病までの潜伏期間は約2週間。天然痘ウイルスを浴びたテロリストは東京の人ごみを歩き回り、ウイルスを撒き散らして発病。やがて天然痘が一気に広がり、東京はパニック状態となるシナリオだ。

日本では、1995年3月20日、東京で起きたオウム真理教による「地下鉄サリン事件」の記憶が生々しい。死者12人、負傷者5500人の大惨事。この時、有害物質を早期に断定できていれば、被害は最小限に抑えられたかもしれない。生物・化学兵器テロでは、特に早い段階での有害物質の判定が被害の大きさを左右する。テロへの備えが必要なのはいうまでもないが、今は「起きたとき」のマーケットへの影響をシミュレーションすべきなのだ。

人気20銘柄はこう動く！

6701 日本電気
Xday
テロにより経済活動が低迷し売上減少。

5401 新日本製鐵
Xday
テロにより経済活動が低迷し新規受注が激減。

5016 新日鉱ホールディングス
Xday
直接の被害がなければ、影響は少ない。

1808 長谷工コーポレーション
Xday
テロにより経済活動が低迷し新規受注が激減。

1601 帝国石油
Xday
直接の被害がなければ影響は少ない。

6758 ソニー
Xday
テロにより経済活動が低迷し売上減少。

6302 住友重機械工業
Xday
テロにより経済活動が低迷し新規受注が激減。

5233 太平洋セメント
Xday
テロにより経済活動が低迷し新規受注が激減。

4502 武田薬品工業
Xday
ワクチンや抗生物質の需要が拡大。

1801 大成建設
Xday
テロにより経済活動が低迷し新規受注が激減。

第2章・社会 政治編 生物・化学テロで汚染

生物兵器として用いられる可能性が高い病原体・毒素

厚生労働省「生物兵器テロの可能性が高い感染症について」（平成13年10月15日通達）より

炭疽症

人から人への感染はないため、2次感染の危険はなく、隔離の必要はない。感染後、抗生物質（ペニシリンG、シプロフロキサシン、ドキシサイクリン、アモキシシリン）による治療が有効。感染後、無症状の時点から予防的に治療することも可能だが、抗生物質がきかない耐性菌の蔓延、副作用が心配。

天然痘

ワクチンが有効。感染後4日以内なら、発症を防いだり重症化を抑えたりすることができる。

ペスト

生物剤として散布された場合、肺ペストの可能性が大。1〜6日の潜伏期間の後、高熱、頭痛、咳そう、血痰等の症状が急激に発症、肺炎が急速に進行し、呼吸不全に。無治療の場合ほぼ100%死亡。人から人への感染あり。対抗薬は、ストレプトマイシン、ゲンタマイシン、ドキシサイクリン、シプロフロキサシン。

ボツリヌス症

ボツリヌス菌毒素により起こる。この毒素は、かつて米軍でも兵器化されたことがあるほか、イラクも保有していたことが国連の調査により判明している。ボツリヌス症には食餌性ボツリヌス症、乳児ボツリヌス症、創傷ボツリヌス症がある。食餌性ボツリヌス症は一般に食中毒として知られる。

ボツリヌス毒素は非常に強い毒性を持つが、安定性は低い。たとえば、空気中では12時間以内で、さらに日光下では1〜3時間で毒性を失う。また熱にも弱く、80度、30分間で失活する。

化学薬剤被曝を示す初期指標

神経剤	予想形状	臭い	色	発症までの期間	初期症状	空気との比重
サリン	液体／気体	無臭	無色	急激	気体の放出後、鼻水および涙が止まらなくなる。息切れ、発汗、くしゃみ、吐き気、かすみ目、目の充血、唾液の分泌過剰、瞳孔縮小（瞳孔拡大もあり）など	重い
ソマン	液体／気体	甘い。かび、果実、ナッツ、樟脳	無色またはこげ茶	吸入：数秒から数分 皮膚接触：5分から18時間		重い
タブン	液体／気体	微かな果実臭	無色	吸入：数秒から数分 皮膚接触：5分から18時間		重い
VX	オイル状の液体	無臭	琥珀色	吸入：数秒から数分 皮膚接触：5分から18時間		重い

アンジェロ・アクィスタ著　楡井浩一訳『生物・化学・核テロから身を守る方法』（草思社）より

9984 ソフトバンク
Xday
テロの不安により外出が減り、インターネットの利用が活発に。

8801 三井不動産
Xday
大手商業施設がテロの標的になる可能性がある。

8411 みずほフィナンシャルグループ
Xday
テロの標的になる可能性は捨てきれない。

8058 三菱商事
Xday
テロの多発により海外プロジェクトの縮小。

6857 アドバンテスト
Xday
テロにより経済活動が低迷し新規受注が激減。

4755 楽天
Xday
テロの不安により外出が減り、インターネットの利用が活発に。

9437 エヌ・ティ・ティ・ドコモ
Xday
テロの不安により外出が減り、通話時間が伸びる。

8604 野村ホールディングス
Xday
テロによる影響でマーケットが低迷。

8183 セブン-イレブン・ジャパン
Xday
テロの標的になる可能性は捨てきれない。来店客激減も。

7203 トヨタ自動車
Xday
国内は心理的影響により買い控えるが、海外はフラット。

Xデー直後の注目株

生物・化学兵器の恐ろしさは、SARSや鳥インフルエンザの猛威をみれば想像がつく。大都市の人口密集地で細菌が撒かれたというニュースが流れたとき、人々は次の被害を恐れ、外出をやめる。そして――。

生物・化学兵器が使われたら……

炭疽菌が東京や大阪などの人口密集地で使われれば、多数の被害者がでる。しかも1カ所だけではなく、数カ所の繁華街で同時多発的に散布されれば、その日以来、人々は外出をやめるだろう。ビジネスマンは全員が「防菌マスク」をつけ、都市部の消費は落ちこんでいく。

天然痘ウイルスによるテロでは、犯人はみずからが犠牲になって都市部で菌を撒き散らして歩く、という想定をしなければならない。正体不明の謎の伝染病が広がっていく恐怖に、都市部はパニック状態。この場合、市民の動揺は炭疽菌の場合よりはるかに大きく、人々はみな、自宅に閉じこもる。都市のショッピングセンターもシャッターを閉め、街は一時期「ゴースト化」するだろう。

ワクチン、検知器・防御保護具などの銘柄が上昇

生物・化学テロの有効な事後対策は、ワクチンや抗生物質の投与による処置だ。よって、ワクチンや抗生物質を研究、製造している製薬メーカーに注目が集まる。最近は「SARS」、「鳥インフルエンザ」などが流行し、ワクチンや抗生物質が多用されている。そのため銘柄的には馴染み深いものが多いのではないか。

主な銘柄は、ワクチン関連では『デンカ生研（4561）』、抗生物質関連は『鐘淵化学工業（4118）』『塩野義製薬（4507）』『藤沢薬品工業（4511）』

『明治製菓（2202）』など。政府の対応として、生物・化学テロの可能性がある時点で相当量のワクチン、抗生物質の備蓄が必要となる。これらの銘柄群に注目が集まるだろう。

また、ばら撒かれた細菌、病原体、毒素などが何なのかを素早く検査、特定することも重要な対策となる。国際的なバイオテロ対策が急務となっている米軍では、持ち運びが可能な細菌検査装置が求められている。

そんななかで急成長企業『プレシジョン・システム・サイエンス（PSS）（7707）』では、1時間程度で細菌のDNAを抽出・解析し、種類を判別できる検査装置を開発。磁性体粒子を使った独自の特許技術は、世界最先端レベルだ。現在、米軍に試作品を納入し、その評価を待っている。また毒性ガス検知器の『理研計器（7734）』も急伸するだろう。

そして忘れてはいけないのが防毒マスク関連。テロがあるたびに注目されるが、特需は天文学的数字となる。関連銘柄は『富士山噴火』でもでてきた『重松製作所（7980）』や『興研（79 63）』などである。

44

第2章・社会 政治編　生物・化学テロで汚染

Xデー銘柄

7707　プレシジョン・システム・サイエンス
46万5000円 1株

世界特許を持つ磁力を利用した核酸抽出装置を研究・販売。検査時を約1時間と大幅に短縮した細菌検査装置を開発している。また、米軍と共同で携帯可能な製品を開発中。近々、納品の予定。その性能は、他社を圧倒している。

上昇率 高 / 確実度 中

2202　明治製菓
475円 1000株

菓子大手だが、抗生物質を得意とした医薬品メーカーの側面もある。薬品事業は売上の3割を占めている。感染阻止には、素早い抗生物質の投与が効果的であり、その需要は拡大する。

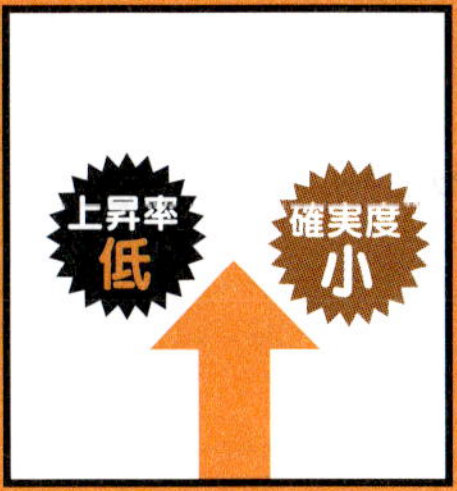

上昇率 低 / 確実度 小

7734　理研計器
536円 1000株

生物・化学テロが発生した場合、そのガスの特定が被害を最小限に食い止める唯一の方法となる。そこで毒性ガス検知器など各種計器を手がける同社に注目が集まる。公共施設などへの設置が一般化する。

上昇率 低 / 確実度 大

3402　東レ
477円 1000株

同社は、逆浸透膜を用いた高度水処理装置を手がけている。淡水化プラントなどでも実績あり。化学物質等で汚染された水の処理には逆浸透膜が不可欠であり、地方自治体などからの受注が急増するだろう。

上昇率 低 / 確実度 中

7980　重松製作所
420円 1000株

生物・化学テロの可能性が高まると、防毒マスクの需要が拡大する。そこで防毒マスクを手がけている同社の販売が急増する。有事にはいつも注目される銘柄である。同様の理由で『興研(7963)』。

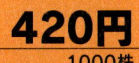

上昇率 高 / 確実度 大

4561　デンカ生研
3500円 100株

生物テロの発生が懸念される場合、感染防止のワクチン投与が実施され、国家備蓄も検討される。そこで検査試薬とワクチンが主力の同社はフル操業となり、業容が拡大。

上昇率 高 / 確実度 中

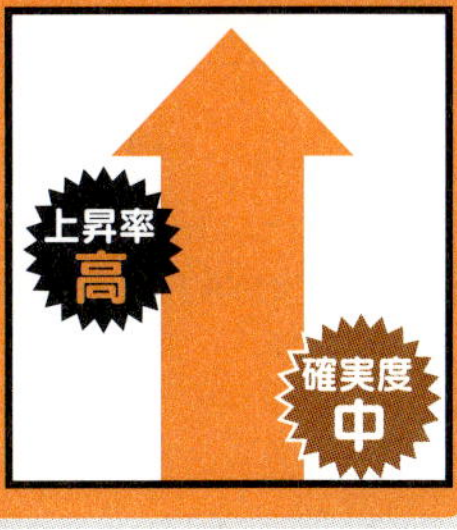

原子力発電所が暴走

ブッシュ大統領は2002年1月の一般教書演説で、米軍がアフガニスタンで押収したアルカイダの所持品に、米国内の発電所一覧表や、発電所を攻撃目標とした訓練マニュアルを発見したことを明らかにした。日本の原発もテロリストの標的となる事態に備えなければならない。

チェルノブイリ惨事が再現。今度は国内で──

旧ソビエト連邦（現在のウクライナ）で1986年4月26日に起きた、チェルノブイリ原子力発電所の事故は、史上最悪の惨事として記憶されている。原子炉とその建屋は一瞬のうちに破壊され、爆発と火災で大量の放射能が漏れ出した。この事故で、4000人以上が死亡し、700万人以上が被曝したとされている。また、この地域のがん患者の急増は、この事故が原因と推測されている。

現在、日本で使用されている原子力発電所には、チェルノブイリのような危険はないとされるものの、何者かが故意に行動を起こすことも考えられる。原子力発電所も、テロのターゲットとなりうるのである。原子力発電所が自爆テロにあっても、核爆弾のような大爆発を起こすことはない。しかし、膨大な量の放射能が流出し、チェルノブイリの惨事が再現される結果となることは想像に難くない。

2004年2月現在、日本国内には沿岸部を中心に52基の発電用原子炉が運転中だ。日本の原子力発電所は、テロに備えて何重もの警備体制を敷いている。警察、自衛隊、海上保安庁、そして電力会社の連携によるテロ防衛……。しかし、それでも自爆テロは、こうした警備の網の目をかいくぐって実行される可能性があるのだ。

人気20銘柄はこう動く！

6701 日本電気	5401 新日本製鐵	5016 新日鉱ホールディングス	1808 長谷工コーポレーション	1601 帝国石油
テロにより経済活動が低迷し売上が激減。	テロにより経済活動が低迷し新規受注が激減。	原子力エネルギーの信頼度が低下する。	テロにより経済活動が低迷し新規受注が激減。	原子力エネルギーの信頼度が低下し、化石燃料が見直される。

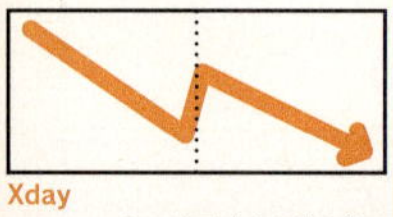

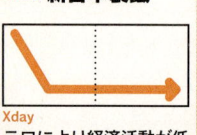

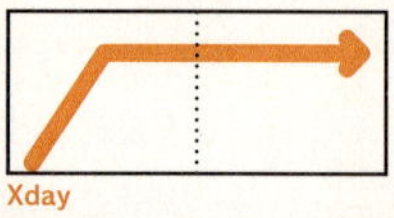

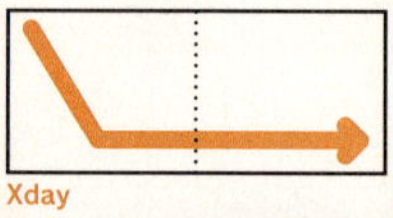

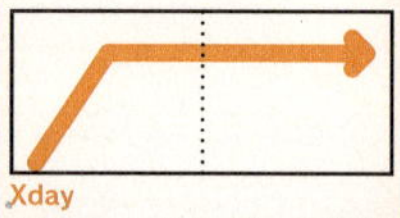

6758 ソニー	6302 住友重機械工業	5233 太平洋セメント	4502 武田薬品工業	1801 大成建設
テロにより経済活動が低迷し売上が激減。	テロにより経済活動が低迷し新規受注が激減。	テロにより経済活動が低迷し新規受注が激減。	ワクチンや抗生物質の需要が拡大。	テロにより経済活動が低迷し新規受注が激減。

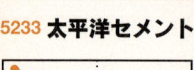

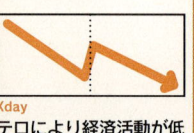

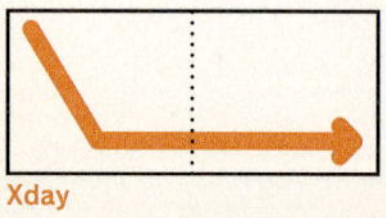

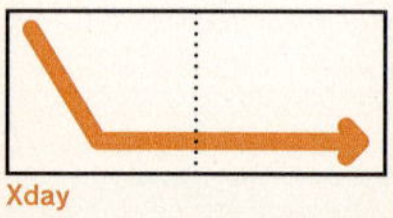

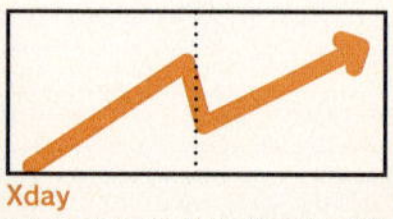

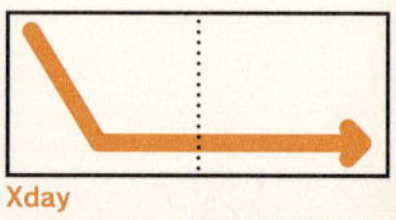

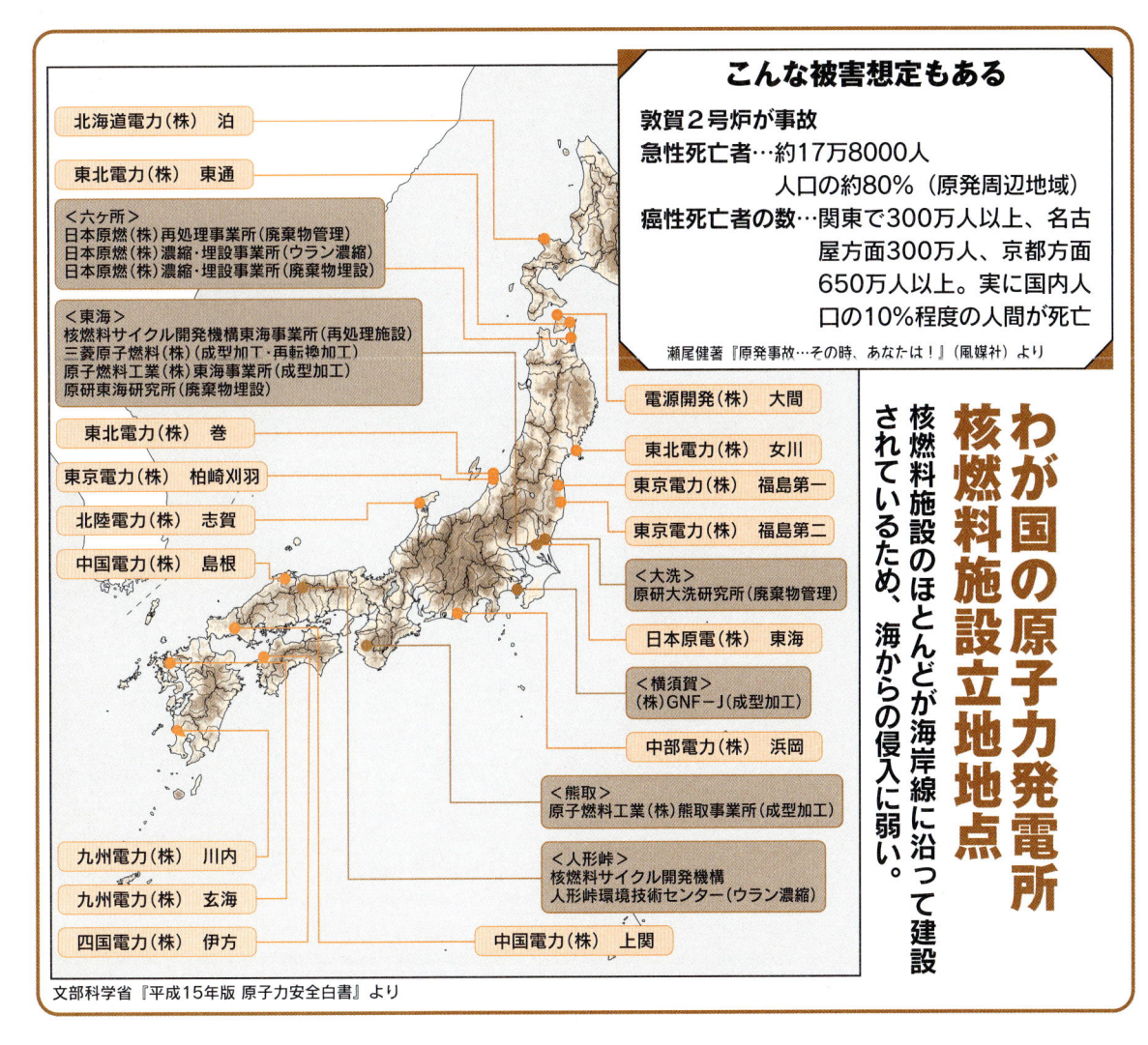

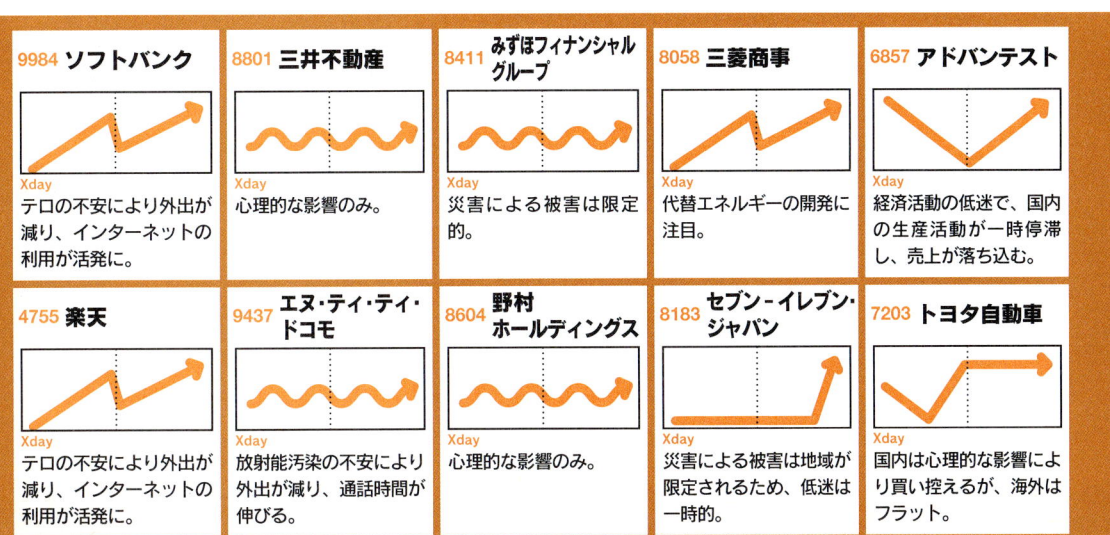

第2章・社会 政治編　原子力発電所が暴走

わが国の原子力発電所　核燃料施設立地地点

核燃料施設のほとんどが海岸線に沿って建設されているため、海からの侵入に弱い。

こんな被害想定もある

敦賀2号炉が事故
急性死亡者…約17万8000人
　　　　　　人口の約80％（原発周辺地域）
癌性死亡者の数…関東で300万人以上、名古屋方面300万人、京都方面650万人以上。実に国内人口の10％程度の人間が死亡

瀬尾健著『原発事故…その時、あなたは！』（風媒社）より

- 北海道電力（株）　泊
- 東北電力（株）　東通
- <六ヶ所>
  - 日本原燃（株）再処理事業所（廃棄物管理）
  - 日本原燃（株）濃縮・埋設事業所（ウラン濃縮）
  - 日本原燃（株）濃縮・埋設事業所（廃棄物埋設）
- <東海>
  - 核燃料サイクル開発機構東海事業所（再処理施設）
  - 三菱原子燃料（株）（成型加工・再転換加工）
  - 原子燃料工業（株）東海事業所（成型加工）
  - 原研東海研究所（廃棄物埋設）
- 東北電力（株）　巻
- 東京電力（株）　柏崎刈羽
- 北陸電力（株）　志賀
- 中国電力（株）　島根
- 電源開発（株）　大間
- 東北電力（株）　女川
- 東京電力（株）　福島第一
- 東京電力（株）　福島第二
- <大洗>
  - 原研大洗研究所（廃棄物管理）
- 日本原電（株）　東海
- <横須賀>
  - （株）GNF-J（成型加工）
- 中部電力（株）　浜岡
- <熊取>
  - 原子燃料工業（株）熊取事業所（成型加工）
- <人形峠>
  - 核燃料サイクル開発機構人形峠環境技術センター（ウラン濃縮）
- 中国電力（株）　上関
- 九州電力（株）　川内
- 九州電力（株）　玄海
- 四国電力（株）　伊方

文部科学省『平成15年版 原子力安全白書』より

9984 ソフトバンク
Xday
テロの不安により外出が減り、インターネットの利用が活発に。

8801 三井不動産
Xday
心理的な影響のみ。

8411 みずほフィナンシャルグループ
Xday
災害による被害は限定的。

8058 三菱商事
Xday
代替エネルギーの開発に注目。

6857 アドバンテスト
Xday
経済活動の低迷で、国内の生産活動が一時停滞し、売上が落ち込む。

4755 楽天
Xday
テロの不安により外出が減り、インターネットの利用が活発に。

9437 エヌ・ティ・ティ・ドコモ
Xday
放射能汚染の不安により外出が減り、通話時間が伸びる。

8604 野村ホールディングス
Xday
心理的な影響のみ。

8183 セブン-イレブン・ジャパン
Xday
災害による被害は地域が限定されるため、低迷は一時的。

7203 トヨタ自動車
Xday
国内は心理的な影響により買い控えるが、海外はフラット。

Xデー直後の注目株

何重にも安全性への配慮を積み重ねて建設・運営される原子力発電所だが、テロ攻撃を前提としてパーフェクト・ディフェンスができているかといえば、残念ながら否だろう。規模は小さくてもテロが起き、放射能が外部に漏洩すれば、株式市場は大きく動く。

防犯機器、セキュリティ医療関連などが上昇

原子力発電所へのテロが現実味をおびてくると、テロへの備えとともに、放射能汚染に関連する銘柄に注目が集まるだろう。

まずテロを防ぐという意味で防犯カメラを中心とする監視システムを得意とする『TOA（6809）』『池上通信機（6771）』『松下電器産業（6752）』『日本無線（6751）』『デジタルアーツ（2326）』『ユニオンホールディングス（7736）』など。

また原子力発電所などの警備強化では『綜合警備保障（2331）』『セコム（9735）』『CSP（9740）』がある。さらに防衛関連では『三菱重工業（7012）』『三菱電機（6503）』『川崎重工業（7012）』『新明和工業（7224）』『日本アビオニクス（6946）』など。

それに加え、「被曝してしまったとき」の医療体制の準備、関連も見逃せない。医薬品株全般に目を配りつつ、とくに医薬品では『日本新薬（4516）』や医療機器の『テルモ（4543）』などもおさえておきたい。

原子力発電所が襲われることを想定

日本の原子力発電所は、ほぼすべてが海に面して立地している。そこで、たとえば「茨城県東海村の原子力発電所にテロリストが海から侵入、発電所をジャックし、臨界事故が発生」といった危機が考えられる。こうしたケースでは、最悪の場合、首都圏全域に死の灰が降り注ぐ危険性もでてくることになる。

株どころの騒ぎではなく、生命にかかわる急迫事態の発生である。したがってこの種の「イベント」は、それが生起しないための対策が最重要となる。すなわち、自爆テロに備えるように、警備体制を強化することが緊急の課題になるわけだ。

そして、次の段階は「ことが起きてしまったとき」への対策だ。居住地域の近隣に原子力発電所が設置されている場合は、避難できる態勢を整えておく。汚染の激しい地域では、鉛を使った防護服を身につけないかぎりは放射能を防ぐことはできない。

また、放射能に汚染された微粒子を吸い込むことで被曝する危険性があるので「ガスマスク」の用意も必要だろう。放射能レベルを測れる「ガイガーカウンター」も役立つだろう。製造元は『理研計器（7734）』などだ。

お金と時間に余裕がある場合は「核シェルター」を用意したい。放射能の危険度は、1週間で1割のレベルに低下する。それまで持ちこたえる食糧の備蓄を忘れてはならない。当然、「常備食」が必要となる。

第2章・社会 政治編　**原子力発電所が暴走**

Ｘデー銘柄

6809　ＴＯＡ
720円 / 1000株

原子力発電所がテロの標的と想定される場合、予防に重点がおかれることになる。原子力発電所周辺の警備が厳重になるため、監視カメラ大手の同社には恩恵が大となる。

上昇率：高　確実度：中

2202　明治製菓
475円 / 1000株

菓子大手だが、抗生物質を得意とする医薬品メーカーの側面もある。薬品事業は売上の3割を占めている。原子力の被害を食い止めるため、ヨウ素を含む同社の「イソジン」でうがいをすることが常識となる。

上昇率：低　確実度：大

7734　理研計器
536円 / 1000株

放射能を感知するための手段は、ガイガーカウンターが最適。ポータブルのものを一人ひとりが携帯するようになる。毒性ガス検知器など各種計器の大手でもある同社は、ガイガーカウンターも製造している。

上昇率：高　確実度：中

4516　日本新薬
628円 / 1000株

テロの可能性が高まってきた場合に、放射能汚染への懸念が生じる。汚染された場合は、急性白血病の患者が急増する。そこで、急性白血病治療剤など、血液ガン領域に精通した同社が強みを発揮する。

上昇率：高　確実度：大

8170　アデランス
2540円 / 100株

原子力テロの放射能汚染で、脱毛症が蔓延。とくに若い女性のあいだで同社製品の利用者の激増が見込まれる。

上昇率：高　確実度：小

4543　テルモ
2275円 / 100株

放射能による病気が広まると、ディスポーザブル医療器具や人工臓器などの高度医療機器の需要が拡大する。こうした分野に強みをもつ同社の活躍の場が広がる。

上昇率：低　確実度：大

サイバーテロ発生

コンピュータやインターネットなどを悪用したサイバーテロ。それは政府機関や企業などに不正アクセスして保存データを破壊・改ざんしたり、コンピュータウイルスを送ったりして機能をマヒさせる行為などを指す。経済システムの根本が破壊されれば、被害は絶大となる。

サイバーテロの備えは始まったばかり

サイバーテロはインターネットの情報インフラを利用して破壊活動などを行う。その標的は国の防衛や治安に関わるさまざまなデータで、テロはこのデータを破壊したり改ざんしたりする。被害は甚大で、国家・社会におよぼす影響は深刻だ。

米国では2002年、約9億ドル（約1000億円）を投じ、サイバーテロ対策を強化する「サイバーセキュリティー研究開発法」が成立している。日本の経済産業省も、エネルギー、運輸、金融、医療などの重要な産業ごとに、官民共同の「情報防衛センター」を設立することを検討している。同センターがインターネットの状況を常時監視し、テロ攻撃の情報などを収集・分析する拠点にする計画だという。

幸いにも、日本国内ではいまだサイバーテロと呼ぶべき事件は起きていない。2000年に日本で起こった官公庁ホームページのハッキング事件、また2001年に歴史教科書問題にからみ、産経新聞社などのホームページが攻撃された事件も、国民生活に影響はなかった。

しかし、インターネットを使った犯罪件数が増加傾向にあり、より深刻化していることを考えれば、政府機関をターゲットにしたサイバーテロが起きる日がこないとはいえない。

人気20銘柄はこう動く！

6701 日本電気 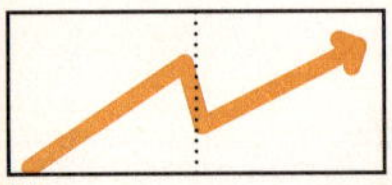
Xday
セキュリティ強化のため、システム更新早まる。

5401 新日本製鐵 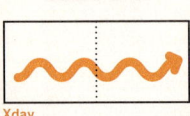
Xday
直接被害がなければ影響は少ない。

5016 新日鉱ホールディングス 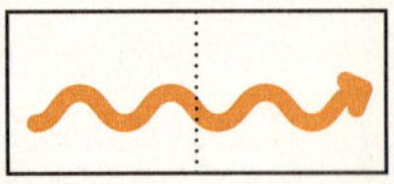
Xday
直接被害がなければ影響は少ない。

1808 長谷工コーポレーション 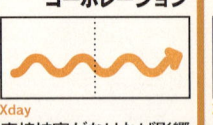
Xday
直接被害がなければ影響は少ない。

1601 帝国石油 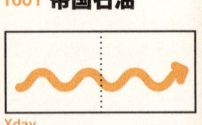
Xday
直接被害がなければ影響は少ない。

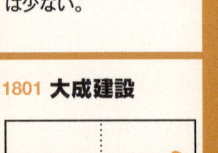

6758 ソニー 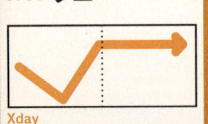
Xday
地上波デジタル放送を電波ジャック、テレビがウイルス感染する事態も。

6302 住友重機械工業 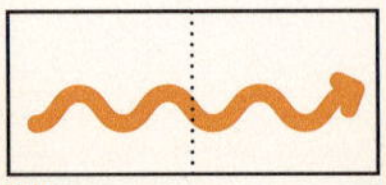
Xday
直接被害がなければ影響は少ない。

5233 太平洋セメント 
Xday
直接被害がなければ影響は少ない。

4502 武田薬品工業 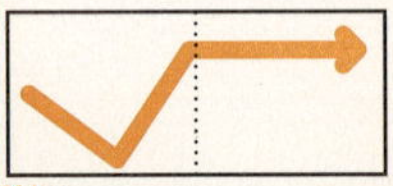
Xday
工場の生産システムに侵入。薬品に異物混入で被害の可能性あり。

1801 大成建設 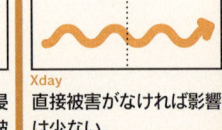 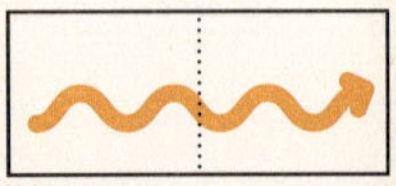
Xday
直接被害がなければ影響は少ない。

第2章・社会 政治編 サイバーテロ発生

映画『ホワイトアウト』のリアリティ

サイバーテロを扱った映画は多い。邦画では、織田裕二主演の映画『ホワイトアウト』（真保裕一原作、若松節朗監督）がある。黒部ダムがテロリストグループに占拠され、ダム職員を人質に50億円を要求する物語だ。かろうじて人質にならなかったダム職員（織田裕二）がテロリストに立ち向かう。このテロリストグループは、ダムの制御システムコンピュータに潜入、ネットワークを遠隔操作するわけだが、これをよりスマートに行うとサイバーテロということになる。

日本でもハイテク犯罪が急増

警察庁の資料によれば、平成15年上半期のハイテク犯罪の検挙件数は532件で前年同期と比べて44件、約9％増加。このうちネットワーク利用犯罪は468件で検挙件数の約88％を占めるとのこと。

また、ネットワーク利用犯罪では、「出会い系サイトを使った児童買春や青少年保護育成条例違反」や「インターネット・オークション等を利用した詐欺事件やわいせつ物頒布事件」および「電子掲示板を利用した名誉毀損事件や脅迫事件」が多くを占める。ハイテク犯罪等に関する相談受理件数は1万9097件であり、前年同期の9092件と比べて約2.1倍に増加している。

ヤフーBB事件にみるテロの不安

駅や街角でADSLサービスの無料キャンペーンを展開している「ヤフーBB」から大量の会員情報が流出した。

流出が確認された会員数は451万人とされている。恐喝事件は犯人逮捕で幕となり、運営会社であるソフトバンクの孫正義社長は2004年2月27日に陳謝し、顧客に金券を送付するため40億円の支出をすることを発表した。

一人あたり500円の金券を送付したようだが、これは2003年6月にローソン顧客の住所・氏名が漏れたときに500円の商品券とお詫び状を送付した事例にならったものだろう。

事件公表のタイミングは捜査途中という事情もあって遅れたが、公表後の孫社長の対応はスピーディだった。ただし、これで一件落着というわけにはいかない。情報が漏れた顧客、そして株主から訴訟を起こされる危惧があるからだ。

最新セキュリティ対策を進めている民間企業を相手にハイテク犯罪が起こせるなら、行政に対するサイバーテロ行為はもっと簡単だという見方も成り立つ。サイバーテロの不安がますます高まった事件である。

9984 ソフトバンク — テロの標的になる恐れあり。

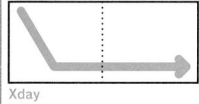

8801 三井不動産 — 直接被害がなければ影響は少ない。

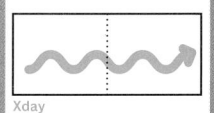

8411 みずほフィナンシャルグループ — オンライン網に被害がなければ影響は少ない。

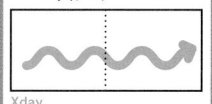

8058 三菱商事 — 直接被害がなければ影響は少ない。

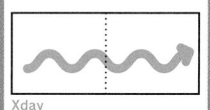

6857 アドバンテスト — 直接被害がなければ影響は少ない。

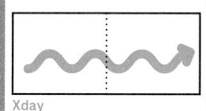

4755 楽天 — テロの標的になる恐れあり。

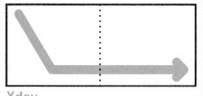

9437 エヌ・ティ・ティ・ドコモ — テロの標的になる恐れあり。

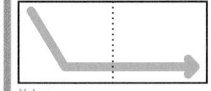

8604 野村ホールディングス — オンライン網に被害がなければ影響は少ない。

8183 セブン-イレブン・ジャパン — POSシステムに被害がおよぶ可能性がある。

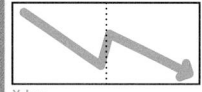

7203 トヨタ自動車 — 直接被害がなければ影響は少ない。

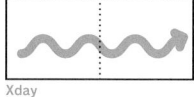

Xデー直後の注目株

サイバーテロの可能性が高まるとともに、セキュリティや暗号化技術がさらに注目されていく。今後、オリンピックなどの国際的なイベントもターゲットとなるだろう。実際のテロの警戒をよそに、メディアジャックなどのサイバーテロも考えられる。日本の場合をみていこう。

セキュリティと関連技術に注目

国内外でサイバーテロが多発すると、これまで普及していたオープン型システムの欠陥が指摘され、クローズドなシステムが見直される。『富士通（6702）』『日本電気（6701）』『日立製作所（6501）』はおさえておこう。

ネットワーク関連のシステム開発も特需が期待できる。『NTTデータ（9613）』『ネットワンシステムズ（7518）』など。周辺機器、ソフトウェアでは『アズジェント（4288）』『シーフォーテクノロジー（2355）』『トレンドマイクロ（4704）』『インターネットセキュリティシステムズ（4297）』など。

ネットワーク関連では、米国企業のほうが一歩も二歩も進んでいるのが現状だ。それゆえ各国のネットワーク関連企業にも注目しておく必要がある。主な銘柄としては『ルーセントテクノロジー（LU）』『サンマイクロシステムズ（SUNM）』『シスコシステムズ（CISCO）』『AVAYA（AV）』『チェックポイント（CHKP）』などがあげられる。

金融機関オンライン網
1社集中の危険性

日本の場合、銀行のATMなどの基幹情報システム構築が「NTTデータ」に集中しているという欠点がある。万一、その内部に悪質なハッカーが侵入し、犯罪に手を貸すようなことがあれば、日本経済はたちどころに大混乱となるだろう。

2004年1月26日、全国約130の金融機関の多くで、他行のカードを使った入出金、振込などのサービスが利用できないトラブルがあった。原因は今年から稼働した新しいオンライン網を統合するシステムのプログラムミスのようだ。

『NTTデータ（9613）』が、この巨大なオンライン網を一手に引き受けて運用しているのだが、いくらすぐれた技術を持つ同社といっても、1社で管理するのには不安がつきまとう。やはりリスクの分散が必要なのではないか。

行政サイドでは、現在、内閣官房内に「ナショナル・インシデント・レスポンス・チーム（NIRT）」を、警察庁では、「サイバーフォースセンター」を設置し、重要インフラなどのサイトに対する攻撃を検知するシステムを構築している。このシステムによってサイバー攻撃、あるいはその予兆が検知されると、対策要員が現場に出動し、被害拡大の防止や犯人の追跡を行うという。しかし、その検知精度やスピードには疑問の声があがっている。

52

第2章・社会 政治編 サイバーテロ発生

Xデー銘柄

6702 富士通
687円 (1000株)

サイバーテロが多発するようになれば、オープン型システムの欠点が露わになる。そこで大型ホストコンピュータによる集中処理の安全性が見直される。他に『日立製作所（6501）』、『日本電気（6701）』。

上昇率：低 / 確実度：大

2355 シーフォーテクノロジー
20万9000円 (1株)

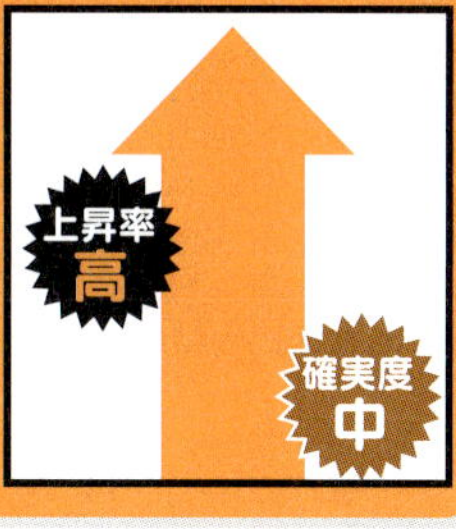

サイバーテロの発生が懸念される場合、ネットワークのセキュリティ強化と同時に、暗号化技術の開発もクローズアップされる。そこで暗号化技術の開発・販売をしている同社に注目が集まるだろう。

上昇率：高 / 確実度：中

7518 ネットワンシステムズ
48万3000円

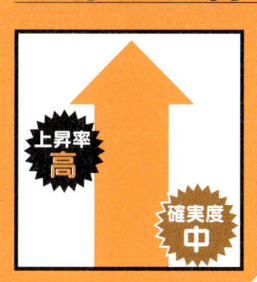

サイバーテロによる被害で最も深刻なダメージを受けるのは金融機関である。社会インフラのための高度ネットワーク構築が求められている。三菱商事系の同社の技術力と品質の高さは確か。ネットワークインテグレーターの草分けだ。

上昇率：高 / 確実度：中

4288 アズジェント
45万3000円 (1株)

インターネットセキュリティのソフト開発、輸入販売を手がける。ＰＣネットワークのセキュリティ確保に強みをもつ。サイバーテロ先進国である米国のセキュリティ大手、チェックポイント社のソリューションパートナーとしての実績も。

上昇率：高 / 確実度：大

9613 エヌ・ティ・ティ・データ
48万6000円 (1株)

国内でサイバーテロの発生を想定した場合、システムのセキュリティ強化が最優先課題となる。同社はシステムインテグレーター最大手であり、官公庁・金融機関向け大型システムに強いため、セキュリティ強化の特需にわく。

上昇率：低 / 確実度：大

4704 トレンドマイクロ
4280円 (500株)

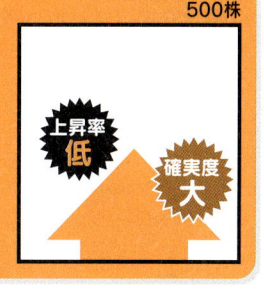

「ウイルスバスター」で有名なウイルス用ワクチンソフトの最大手。パーソナルユースのＰＣには欠かせない存在。近年、ＬＡＮサーバー用の製品も好調。サイバーテロ時代には注目される銘柄のひとつ。

上昇率：低 / 確実度：大

隣国からミサイル着弾

隣国からのミサイルが日本国土に着弾したら、それはもう戦争状態。株どころの騒ぎではない。だが、それが核弾頭でないかぎり、ミサイル攻撃は「脅し」とみることができる。日本経済は、危険な隣国に対して警戒態勢が強まり、株式市場にも変動の波がおしよせる。

強まる圧力に堪えかねて北朝鮮がボタンを押す日

2003年12月、政府はミサイル防衛システムの導入を正式に決めた。このの防衛システムは、主に「北朝鮮からのミサイル」への対処を想定している。総額は約5000億円の予定だ。

2004年度予算に計上するのは、地上配備型の地対空誘導弾パトリオット・ミサイル3「PAC3」と、イージス艦に搭載する海上配備型のスタンダードミサイル3「SM3」の導入費用。そして現在、日米両政府で「SM3」の次世代型海上配備システムを共同研究しており、近い将来に生産・配備の段階に入れば、日本で生産した部品を米国に供給することとなる。

日本政府は、北朝鮮に対する軍事的圧力を強めつつ、経済的圧力も徐々に強めつつある。北朝鮮側は食糧・燃料不足、経済制裁、後継者選びなどの懸案事項があり、さらなる崖っぷちに立たされる見込みだ。

北朝鮮の暴挙は、「日本が単独で経済制裁を発動する」場合や、「密輸取締まり、密入国取締まり強化に伴う銃撃戦」などによって起こりうる。

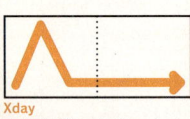

その場合、まずは当然、日本の防衛予算が跳ね上がることは想像に難くない。また、戦争を知らない世代を中心にライフスタイルが変化し、消費傾向が大きく変わる可能性がある点にも注意しておく必要があるだろう。

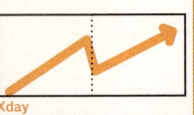

人気20銘柄はこう動く！

6701 日本電気
Xday
防衛関連大手の『日本アビオニクス（6946）』をグループに持つ。

5401 新日本製鐵
Xday
資源価格の高騰により、利益率の改善。

5016 新日鉱ホールディングス
Xday
資源価格の高騰により、利益率の改善。

1808 長谷工コーポレーション
Xday
経済活動が低迷し、新規受注は軍需のみに。

1601 帝国石油 
Xday
資源インフレにより、新潟の天然ガス資源に注目。

6758 ソニー 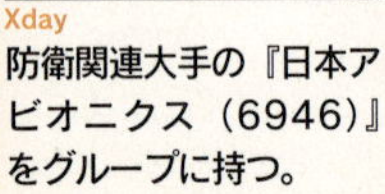
Xday
民生用エレクトロニクス技術の軍事転用に注目。

6302 住友重機械工業 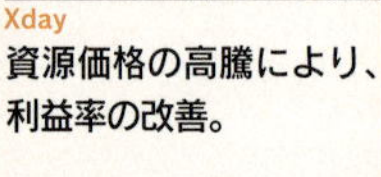
Xday
経済活動が低迷し、新規受注は軍需のみに。

5233 太平洋セメント 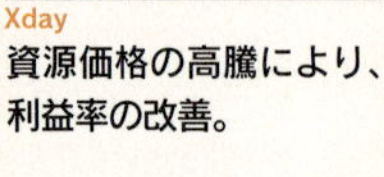
Xday
資源価格の高騰により、利益率の改善。

4502 武田薬品工業 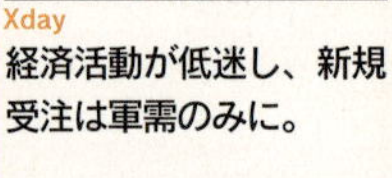
Xday
非常事態に備え、医薬品の備蓄始まる。

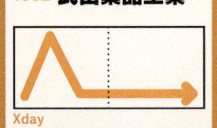

1801 大成建設 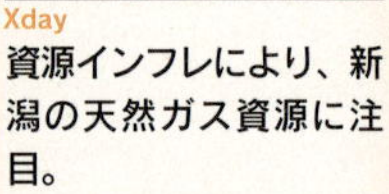
Xday
経済活動が低迷し、新規受注は軍需のみに。

第2章・社会 政治編　隣国からミサイル着弾

アジア太平洋地域における主な兵力の状況
（概数）

中国
- 陸上兵力　　160万人（62）
- 海兵隊　　　　1万人
- 艦艇　　　740隻　93.4万t
- 作戦機　　　　2570機

極東ロシア
- 陸上兵力　約11万人（16）
- 艦艇　　約280隻　75万t
- 作戦機　　　約650機

北朝鮮
- 陸上兵力　100万人（27）
- 艦艇　　600隻　10.3万t
- 作戦機　　　590機

韓国
- 陸上兵力　　56万人（22）
- 海兵隊　　　2.8万人
- 艦艇　　210隻　14.4万t
- 作戦機　　　　600機

日本
- 陸上兵力　14.8万人（11）
- 艦艇　　140隻　39.8万t
- 作戦機　　　480機

在韓米軍
- 陸上兵力　　2.9万人（1）
- 作戦機　　　　90機

在日米軍
- 陸上兵力　2.1万人（1）
- 作戦機　　　　130機

台湾
- 陸上兵力　　24万人（12）
- 海兵隊　　　　3万人
- 艦艇　　340隻　20.7万t
- 作戦　機　　　530機

米第7艦隊
- 艦艇　　　40隻　61万t
- 作戦機　　70機（艦載）

（注）
1. 資料は、ミリタリー・バランス（2002～2003）などによる（日本は平成14年度末実勢力）。
2. 在日・在韓駐留米軍の陸上兵力は、陸軍及び海兵隊の総数を示す。
3. 作戦機については、海軍及び海兵隊機を含む。
4. （　）は、師団数を示す。

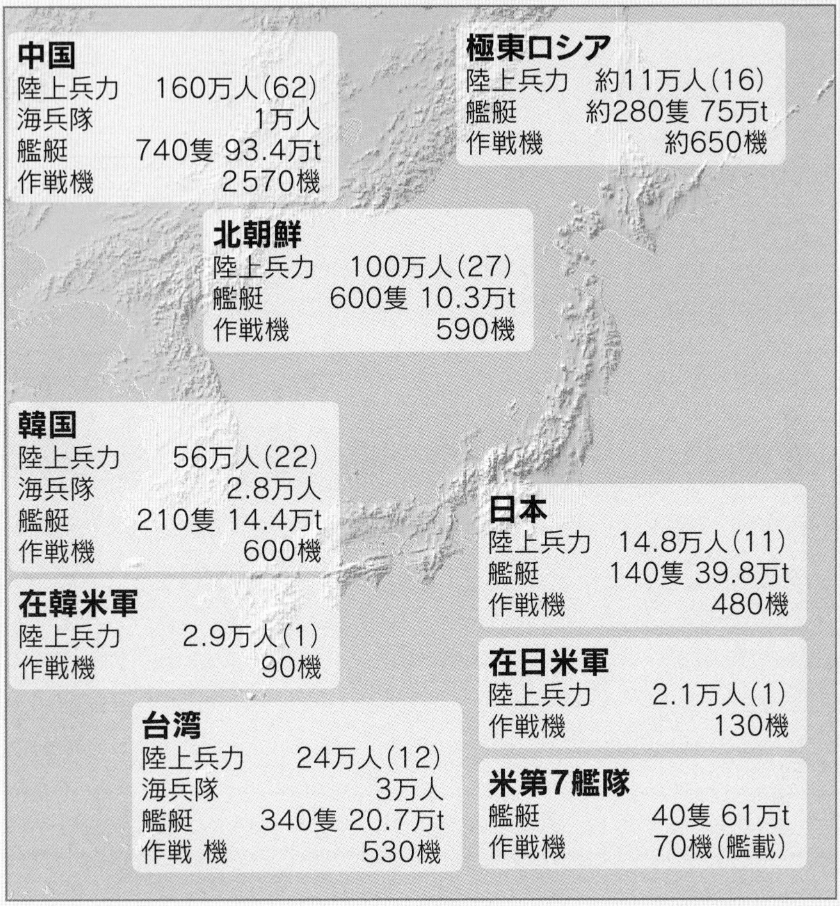

『平成15年版　防衛白書』より

9984 ソフトバンク	8801 三井不動産	8411 みずほフィナンシャルグループ	8058 三菱商事	6857 アドバンテスト
Xday	Xday	Xday	Xday	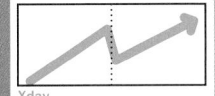 Xday
テロの不安により外出を控え、インターネットの利用が活発に。	高層ビルがテロの標的になる可能性がある。	経済活動が低迷し、苦戦。	軍需拡大で俄然優位に立つ。	民生用エレクトロニクス技術の軍事転用に注目。

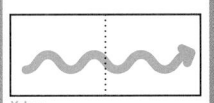

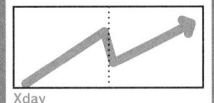

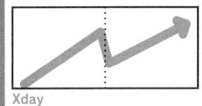

4755 楽天	9437 エヌ・ティ・ティ・ドコモ	8604 野村ホールディングス	8183 セブン-イレブン・ジャパン	7203 トヨタ自動車
Xday	Xday	Xday	Xday	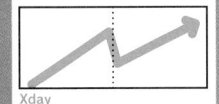 Xday
テロの不安により外出を控え、インターネットの利用が活発に。	テロの不安により外出を控え、通話時間が伸びる。	マーケット低迷。金融資産の海外シフトに活路を見出すか。	消費低迷で苦戦。	国内の経済活動が低迷し、海外生産シフトが奏功すれば吉。

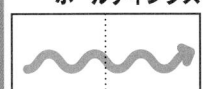

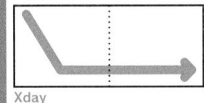

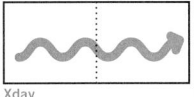

Xデー直後の注目株

日本の国家予算は約82兆円。防衛関連予算は約5兆円にすぎない。しかし、ひとたび隣国暴発の危機が現実化すれば、自衛隊員の増員や戦力の強化をはかるため、必然的に防衛予算が増大することは、火を見るよりも明らかだ。

防衛予算の膨張によって恩恵を受ける企業群

たとえば、平成15年度の防衛予算から抜粋すると、
○支援戦闘機（F-2）は1機120億円。現在40機を保有。6機を購入する予定。
○戦闘ヘリ（AH-64D）は1機74億円。導入初期として、2機を購入する予定。
○空中給油機（B767）は1機247億円。導入初期として、1機を購入する予定。
ミサイル飛来がより現実的になり、より一層の集中配備が必要となれば、あっというまにその倍ぐらいの予算のために国防予算が跳ね上がり、防衛のために国防予算が跳ね上がってしまう。米国では、イラク戦争可欠とされる機器・施設などに不戦闘機や物資、人材の運輸などに不関連企業はどこも最高益を記録している。この現象は当然ながら日本でも起こりうるので、これまでいろいろなテロ対策でとりあげた銘柄群は、おしなべて特需でわく企業群となる。

具体的には、防衛・宇宙分野に強い『三菱重工業（7011）』、鉄鋼会社の中でもミサイル発射装置などを手がける『日本製鋼所（5631）』、自衛隊向けの照明弾などを製造する『細谷火工（4274）』、防衛・産業機器に強い『石川製作所（6208）』、防衛用の特殊車両のパイオニアである『新明和工業（7224）』などの実需が発生する。

防衛モードから戦闘モードへ。注目される関連銘柄

ている企業にも特需がある。たとえば、ジャンボジェットのギャレー・ラバトリー（化粧室）で世界トップの『ジャムコ（7408）』などの銘柄があげられる。また、生活物資も、買い占めたり買い貯めたりする影響で、需給バランスが崩れだし、インフレになるだろう。国内企業は、防衛関連でフル操業になり、一般物資は、今以上に輸入に頼らざるをえない。したがって「海運」や「総合商社」が狙い目となる。

いうまでもなく、隣国からミサイルが飛んでくる事態は通常ではない。長い間、話し合いで解決をめざすのが日本の政治スタイルであったが、これが一転、力関係がモノをいうパワーゲームがスタートする。

女性型の平和社会から、男性型の戦闘社会に転換していくなかで、これまでデザインや広告などで売れていた商品が伸びず、重厚長大、機能最優先の製品が見直されるなど、時代の空気が大きく変化していくのにともなって消費者の選好も変化していく。それに連動して、株式市場の人気銘柄も全体的に入れ替わっていくことが予測される。

第2章・社会 政治編　隣国からミサイル着弾

Xデー銘柄

7011　三菱重工業
343円 1000株

日本にミサイルが飛んでくる可能性が高まった場合、政府は警戒態勢を敷き、防衛予算を大幅アップする。したがって、防衛・宇宙分野に強い同社に注目が集まる。三菱グループ各社も同様である。

上昇率 低／確実度 大

4274　細谷火工
365円 1000株

隠れた防衛関連銘柄として、マニアックな投資家に人気がある。自衛隊向け照明弾、発煙筒の製造が業務の8割を占める。戦闘態勢になれば生産ラインはフル稼働することになる。

上昇率 高／確実度 小

7224　新明和工業
452円 1000株

特殊車両のパイオニアである同社は、防衛庁向け飛行艇も手がけている。日本有事の際は、特殊車両のニーズも高まり、同社の卓越した技術力が再評価されるだろう。

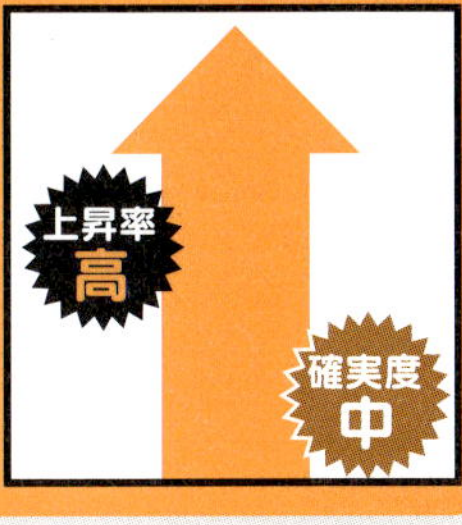

上昇率 高／確実度 中

5631　日本製鋼所
195円 1000株

前身は明治40年、兵器の国産化を目的に設立。今では鉄鋼、重機械を得意としているが、長年培ってきた各種先端技術を結集し、火砲および火砲システム、ミサイル発射装置など、防衛関連機器の設計、製造、メンテナンスも行っている。

上昇率 高／確実度 中

7408　ジャムコ
332円 1000株

ジャムコは、ジャンボジェットのギャレー・ラバトリー（化粧室）で世界トップシェア。その関係で航空機整備、航空機内装品の製造関連を手がけている。防衛庁とのつながりも強い。

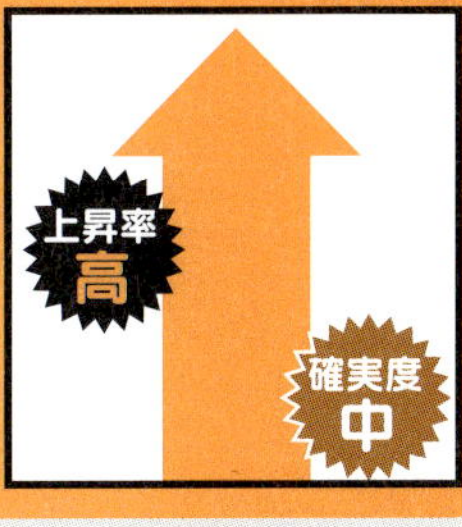

上昇率 高／確実度 中

6751　日本無線
509円 1000株

米国では、戦闘員にGPS端末を使った位置確認システムを配備している。日本の有事が現実的になると、自衛隊員にも同様のシステムが配備されるだろう。そこで通信技術にすぐれた同社の製品に注目が集まる。

上昇率 高／確実度 大

米国が京都議定書を批准

97年採択の「京都議定書」は、先進国に08年から12年の間に一定割合のCO_2削減を求めている。01年3月にその議定書から離脱し、反対の姿勢をとりつづけていた米国が一転、議定書に復帰、批准したとしたら？　原因として、温暖化でヒマラヤの氷が溶けるという懸念を想定しよう。

エネルギー問題が解決に向かう

近年、温暖化の影響を懸念する声が強まってきた。2002年4月に開催された国連環境計画（UNEP）は、「地球温暖化の影響でヒマラヤの氷河が急速に溶け、近い将来、数万人が被害を受ける大災害の可能性がある」とする報告書を発表している。

ヨーロッパ各地では、2003年に40℃以上の日々が続いた。各地で山火事も多発し、スイスアルプスの最高峰であるモンブランの氷河も溶け始めたという。いつ、ヒマラヤの氷河が溶け出して海面の水位を押し上げるかは、時間の問題だという見方も出てきた。

そこで、京都議定書の存在があらためてクローズアップされている。地球環境問題を解決しないかぎり、経済の繁栄はありえないという認識が急速に強まった。それまで「温暖化は経済成長を犠牲にするほどの脅威ではない」としていた米国が議定書批准へ。この可能性は、秋の大統領選挙で政権交代が実現すればさらに高まる。

議定書発効により、ハイブリッド車を展開する『トヨタ自動車（7203）』が有利になるばかりか、CO_2排出権取引を進める『三菱商事（8058）』や、CO_2固定化技術を持つ『千代田化工建設（6366）』、CO_2還元を研究する『サッポロホールディングス（2501）』などが有望視され始める。

人気20銘柄はこう動く！

6701 日本電気	5401 新日本製鐵	5016 新日鉱ホールディングス	1808 長谷工コーポレーション	1601 帝国石油
環境基準の強化で、自動車駆動システムのビジネスが開花。	特に影響がないと思われる。	特に影響がないと思われる。	特に影響がないと思われる。	天然ガス利用のコージェネ装置、CO_2固定化技術が注目。

6758 ソニー	6302 住友重機械工業	5233 太平洋セメント	4502 武田薬品工業	1801 大成建設
特に影響がないと思われる。	CO_2固定化などの環境関連ビジネスが盛んになり、需要拡大。	特に影響がないと思われる。	特に影響がないと思われる。	特に影響がないと思われる。

第2章・社会 政治編 | 米国が京都議定書を批准

Xデー銘柄

7203 トヨタ自動車
3870円 / 100株

ハイブリッド技術を日産自動車、米フォード・モーターに有償供与している。米インテル製のCPUが世界中のPCに搭載されたように、トヨタ製ハイブリッドが世界中の車の心臓部に搭載される日が訪れるかも。

上昇率：低　確実度：大

2501 サッポロホールディングス
415円 / 1000株

サッポロビールを中心とした持ち株会社。ビールの製造過程で発生するバイオガス（CO_2とメタンの混合ガス）を触媒反応により炭素と水に変換する技術を開発。各工場で実証実験を重ねている。環境にやさしい企業としても有名。

上昇率：低　確実度：大

8058 三菱商事
1231円 / 1000株

英国で世界に先駆けて開設された温暖化ガス排出権取引に参加。また、米ナットソース社（排出権取引仲介会社）に出資、エネルギー環境分野のひとつとして、排出権取引を有力プロジェクトと位置づけている。

上昇率：低　確実度：大

6366 千代田化工建設
761円 / 1000株

地底のメタンハイドレート（天然ガスの主成分であるメタンがシャーベット状になった状態）層から天然ガスを採取する替わりにCO_2を注入する手法を研究。『帝国石油(1601)』と共同。CO_2を物理的に固定化する技術として注目。

上昇率：高　確実度：大

銘柄	コメント
9984 ソフトバンク	特に影響がないと思われる。
8801 三井不動産	特に影響がないと思われる。
8411 みずほフィナンシャルグループ	特に影響がないと思われる。
8058 三菱商事	CO_2排出権ビジネスで中心的役割を担う可能性がある。
6857 アドバンテスト	特に影響がないと思われる。
4755 楽天	特に影響がないと思われる。
9437 エヌ・ティ・ティ・ドコモ	特に影響がないと思われる。
8604 野村ホールディングス	環境関連銘柄の人気化、CO_2排出権が上場、活況となる。
8183 セブン-イレブン・ジャパン	コージェネシステムで店舗運営コストの削減に積極的。
7203 トヨタ自動車	環境対応型システムで世界制覇の可能性も。

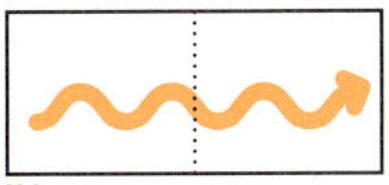

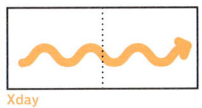

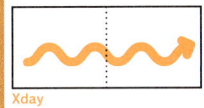

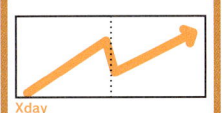

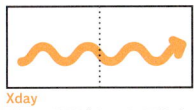

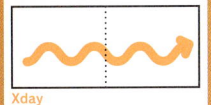

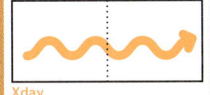

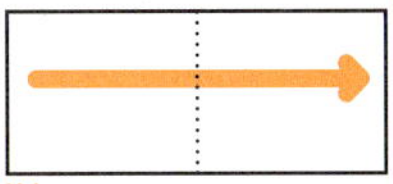

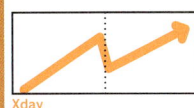

ASEANとFTA調印

日本とメキシコの両政府は、04年3月12日、FTA（自由貿易協定）締結で合意。早ければ05年1月にも発効する。年内合意を目指して協議中のタイ、フィリピン、マレーシアなどとの交渉にも好影響を与えると期待が高まった。ASEAN全加盟国とのFTAが調印される「その日」がやがてくる。

景気回復への材料となる

FTA（Free Trade Agreement・自由貿易協定）は、2国間ないし地域間において、貿易を活発にするために関税などの制限的な通商規則の撤廃を約束するものだ。日本のFTA締結は、2002年1月に発効したシンガポールに続いて2番目であり、農業分野を含む包括的なFTAとしては、初めてとなる。

FTA締結は、業界によってメリットとデメリットが交錯する。関税の引き下げで、『アップルインターナショナル（2788）』など輸出ビジネスは活況となる。

とかく輸入自由化による国内生産物の打撃ばかりに目がいきがちなFTA論議だが、その逆の見方もできる。すなわち日本が誇る付加価値製品の輸出のみならず、日本の農作物も「MADE IN JAPAN」のブランド品としてASEAN市場を席巻するかもしれない。

とくにブランド米、松阪牛、愛媛みかんなどが有力だ。無洗米で有名な『木徳神糧（きとくしんりょう）（2700）』などもビジネスチャンス。また、人材の流動化が進み『グッドウィル・グループ（4723）』などに注目が集まる。ASEAN諸国間の往来が活発になることから、『日本航空システム（9205）』が息を吹き返す可能性もある。

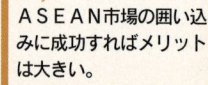

人気20銘柄はこう動く！

6701 日本電気	5401 新日本製鐵	5016 新日鉱ホールディングス	1808 長谷工コーポレーション	1601 帝国石油
Xday	Xday	Xday	Xday	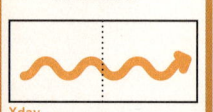 Xday
ASEAN市場の囲い込みに成功すればメリットは大きい。	中国ビジネス成功のノウハウを生かし、さらなる市場拡大へ。	ASEAN市場の囲い込みに成功すればメリットは大きい。	ASEAN市場の囲い込みに成功すればメリットは大きい。	ASEAN市場の囲い込みに成功すればメリットは大きい。

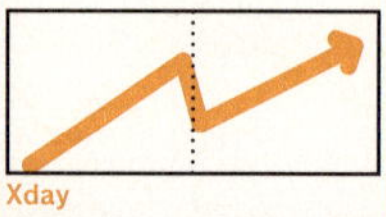

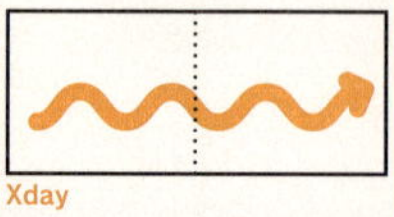

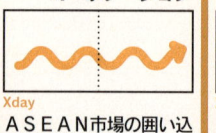

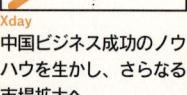

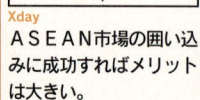

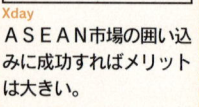

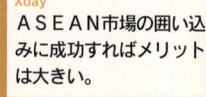

6758 ソニー	6302 住友重機械工業	5233 太平洋セメント	4502 武田薬品工業	1801 大成建設
Xday	Xday	Xday	Xday	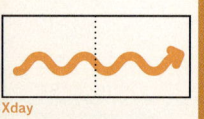 Xday
ASEAN市場の囲い込みに成功すればメリットは大きい。	中国ビジネス成功のノウハウを生かし、さらなる市場拡大へ。	中国ビジネス成功のノウハウを生かし、さらなる市場拡大へ。	ASEAN市場の囲い込みに成功すればメリットは大きい。	ASEAN市場の囲い込みに成功すればメリットは大きい。

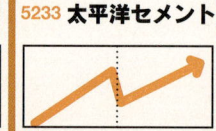

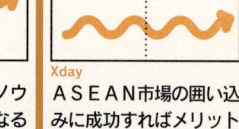

第2章・社会 政治編 ASEANとFTA調印

Xデー銘柄

4723 グッドウィル・グループ
43万7000円 (1株)

軽作業請負、医療介護分野が収益の柱の人材会社。「コムスン」ブランドで介護施設を展開。FTA調印後は、各国の人材が国内に流入、人手不足の深刻な看護、介護分野に外国人が進出。医療介護分野で実績のある同社には恩恵が。

上昇率：高 / 確実度：大

2700 木徳神糧
390円 (1000株)

米穀卸では国内トップクラス、無洗米の大手として有名。FTA調印後は、日本国内のブランド米がアジア各国に高級食材として輸出され、日本食ブームに。各国からの輸入に目がいきがちだが、「逆も真なり」。

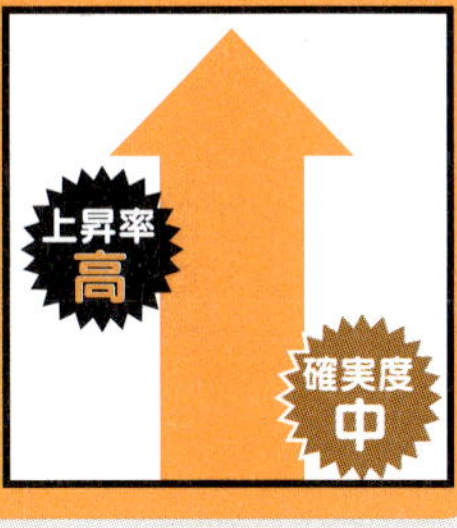

上昇率：高 / 確実度：中

9205 日本航空システム
349円 (1000株)

自由化の波、海外旅行の伸び一巡、高コスト体質、新興勢力に押され、苦戦が続くが、FTA調印後は人・物資の移動が活発になり、同社にとっては利益構造を再構築する最大のチャンス。うまく立ち回ることができれば、大化けも。

上昇率：高 / 確実度：小

2788 アップルインターナショナル
91万5000円 (1株)

東南アジア中心に中古車の輸入・販売を手がける。タイ、中国では正規ディーラー権を獲得し、将来への布石を着々とうっている。FTA調印後は、関税の引き下げなどで中古車ビジネスが活況となる。発展途上の同社には拡大余地あり。

上昇率：高 / 確実度：大

9984 ソフトバンク
ASEAN諸国でのベンチャーキャピタル投資拡大。 

8801 三井不動産 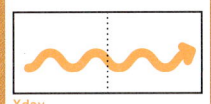
ASEAN市場の囲い込みに成功すればメリットは大きい。

8411 みずほフィナンシャルグループ 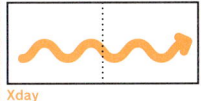
海外展開や外国人顧客の拡大につなげることができれば上昇も。

8058 三菱商事 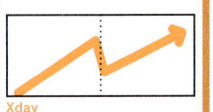
各国との共同プロジェクト成功がカギとなる。

6857 アドバンテスト 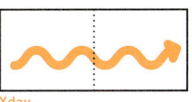
ASEAN市場の囲い込みに成功すればメリットは大きい。

4755 楽天 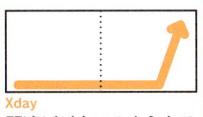
関連ビジネスのさらなる拡大、「楽天市場」のグローバル化が視野に。

9437 エヌ・ティ・ティ・ドコモ 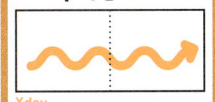
ASEAN市場の囲い込みに成功すればメリットは大きい。

8604 野村ホールディングス 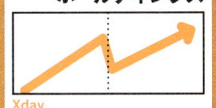
ASEAN株式市場の拡大が予想され、収益拡大の可能性。

8183 セブン-イレブン・ジャパン 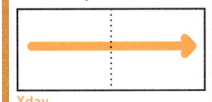
農産物などの自由化で利益率改善になれば上昇も。

7203 トヨタ自動車 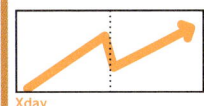
環境対応型エンジンで世界制覇も視野に。

「元」の自由化

中国の為替相場制度は米国ドルに連動する「ドルペッグ制」だが、事実上は固定相場制だ。そのため現在では、中国・人民元はその実力に比べて大幅な過小評価となり、米国やその他G7諸国を含む国際社会から厳しい批判にさらされている。いずれ自由化される公算は高い。

人民元の切り上げへ向け、世界の圧力が高まっている

中国元の過小評価（元安）は、中国の国力が伸びてきた現在、中国製品を世界中に安く供給しすぎる結果を生んでいる。それが世界各国の自国経済にデフレ圧力のダメージを与えている。

中国当局は、現行の為替相場制度が世界経済にとっても好ましいと主張しているが、中国が国際社会で生き残るためには、中国元の自由化は避けて通れない試金石となっている。

中国元が自由化された場合は、まず「元高」に振れる。これまで生産地としてのポジショニングでしかなかった中国は、元高による恩恵を受けた世界最大の人口（13億人）の購買力を持つ消費者の国として、世界からあらためて注目されることになるだろう。

経済のパラダイムシフトが起きたため、中国を生産拠点として位置づけていた企業はダメージを受けるが、中国を市場とする企業は多大な恩恵を受けるだろう。注目したいのは『ファーストリテイリング（9983）』『マツダ（7261）』『ワコール（3591）』など。また中国株式市場の活況により『東洋証券（8614）』も人気となる。

さらに、主に中国に資本財を提供して利益を得ている日本企業は、中国元の切り上げによる事実上の値下げがもたらす販売量増加が、株価の上昇要因となる。

人気20銘柄はこう動く！

6701 日本電気 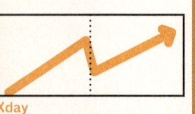
Xday
中国が「消費大国」となり、その恩恵は大きい。

5401 新日本製鐵 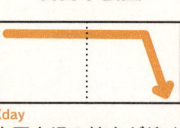
Xday
中国市場の拡大が続くが、成長力鈍化で失速の可能性も。

5016 新日鉱ホールディングス 
Xday
市場の囲い込みに成功すればメリットは大きい。

1808 長谷工コーポレーション 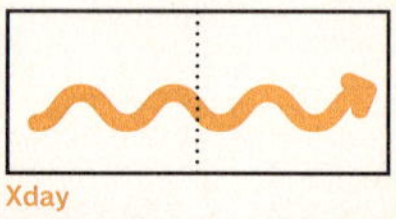
Xday
市場の囲い込みに成功すればメリットは大きい。

1601 帝国石油 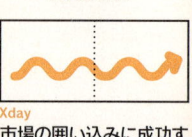
Xday
市場の囲い込みに成功すればメリットは大きい。

6758 ソニー 
Xday
中国が「消費大国」となり、その恩恵は大きい。

6302 住友重機械工業 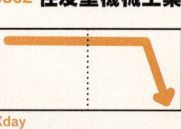
Xday
中国市場の拡大が続くが、成長力鈍化で失速の可能性も。

5233 太平洋セメント 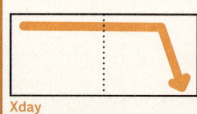
Xday
中国市場の拡大が続くが、成長力鈍化で失速の可能性も。

4502 武田薬品工業 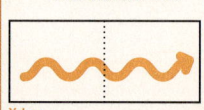
Xday
市場の囲い込みに成功すればメリットは大きい。

1801 大成建設 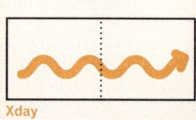
Xday
市場の囲い込みに成功すればメリットは大きい。

第2章・社会 政治編　「元」の自由化

Xデー銘柄

7261　マツダ
339円　1000株

中国の自動車市場は、世界第2位の市場にまで成長した。とくに小型車の販売が好調。小型車を得意としている同社は、中国での地位を不動のものとしている。中国市場では自動車保険も伸び、他に『三井住友海上火災保険（8752）』など。

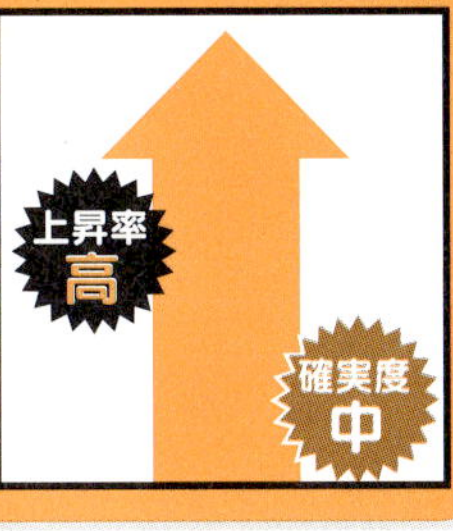

上昇率　高
確実度　中

9983　ファーストリテイリング
8680円　100株

カジュアル衣料品「ユニクロ」を展開。中国で委託生産し、低価格路線で躍進してきた。中国元の切り上げで日本国内での展開は不利になるものの、中国でのブランドイメージを確立し、巨大マーケットとできればさらなる成長をとげる。

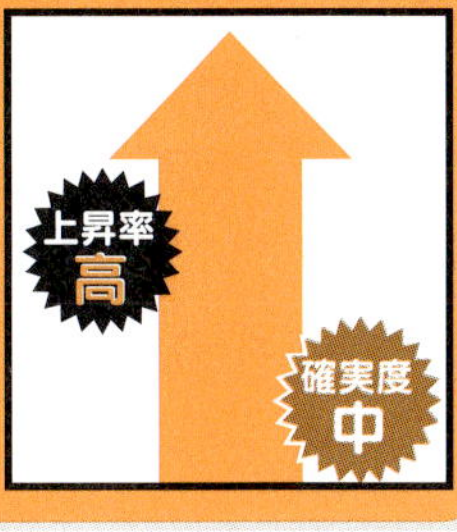

上昇率　高
確実度　中

8614　東洋証券
423円　1000株

中堅ながら中国株式に注力。中国株のオンライン取引を国内で初めて導入した。中国元が自由化されれば、今以上に中国株に注目が集まり、日本からの投資が活発化する。パイオニアとしてのメリット大。

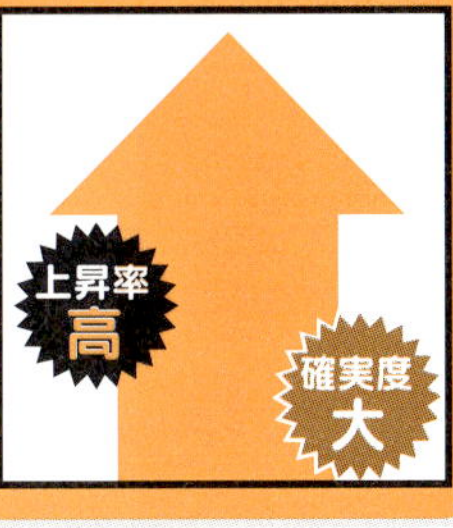

上昇率　高
確実度　大

3591　ワコール
1051円　1000株

婦人下着トップ。アジアでも高級ブランドとして積極的に展開している。中国元の切り上げにより購買力をつけた女性のニーズにフィット。同社は、古くから中国人の体型にあった下着を作るなど、中国市場に食い込んでいる。

上昇率　高
確実度　小

9984 ソフトバンク 
Xday
中国のベンチャーキャピタル投資拡大。

8801 三井不動産 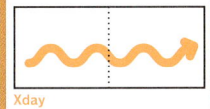
Xday
市場の囲い込みに成功すればメリットは大きい。

8411 みずほフィナンシャルグループ 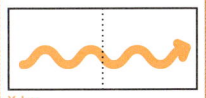
Xday
海外展開や外国人顧客の拡大につなげることができれば上昇も。

8058 三菱商事 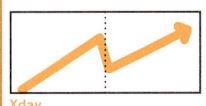
Xday
中国が「消費大国」となり、その恩恵は大きい。

6857 アドバンテスト 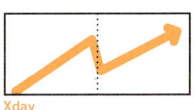
Xday
中国が「消費大国」となり、その恩恵は大きい。

4755 楽天 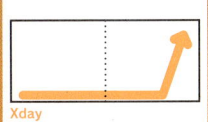
Xday
関連ビジネスのさらなる拡大、「楽天市場」のグローバル化が視野に。

9437 エヌ・ティ・ティ・ドコモ 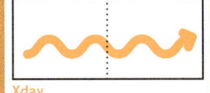
Xday
市場の囲い込みに成功すればメリットは大きい。

8604 野村ホールディングス 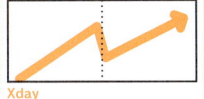
Xday
中国株式マーケットの拡大。ビジネス拡大のチャンス。

8183 セブン-イレブン・ジャパン 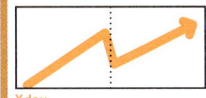
Xday
現在中国で634店舗を展開。日本を上回る規模へ成長か。

7203 トヨタ自動車 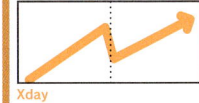
Xday
中国が「消費大国」となり、その恩恵は大きい。

カジノが合法化

石原東京都知事の肝煎りで東京都でカジノ構想が打ち出され、他の自治体へも波及しつつある。合法化されれば、都心や各地の観光地に「大人限定」のホットスポットが出現。「大人の遊び」の文化の発信地となりうる。テロの脅威で疲弊する社会のオアシスになってくれるはずだ。

カジノ機メーカーや他の関連銘柄をマーク

不況かつデフレの世の中、カジノ合法化は新産業の創出効果を生むだろう。カジノは胴元が儲かるシステムなので、地方財政の健全化に貢献するはずだ。都知事の最大の狙いはここにある。東京都ばかりか、全国各地の観光地でカジノスポットを中心にして活性化の波が起きる。

これまで日本にはカジノがなかったために、年間50万人ものカジノファンが米国ラスベガスに飛んでいた。一人10万円のプレイ代としても、年間500億円の流出だ。カジノ合法化後には、このカジノファンをめぐる争奪戦が展開されることになる。

カジノ機のメーカーとしては、『アルゼ(6425)』『コナミ(9766)』、周辺機器メーカーとして『日本金銭機械(6418)』『グローリー工業(6457)』『オーイズミ(6428)』などがある。またカジノ会場には『帝国ホテル(9708)』などの一流ホテルが選ばれ、人気スポットに。また、カジノは入場に男女同伴、ドレスコードなどの条件がつくために、婦人服・紳士服の『ワールド(3596)』『三陽商会(8011)』『オンワード樫山(8016)』などが注目される。

またエンターテイメント系では『アミューズ(4301)』『ホリプロ(9667)』『大新東(9785)』『オリエンタルランド(4661)』『吉本興業(9665)』など。

人気20銘柄はこう動く！

6701 日本電気
Xday
特に影響がないと思われる。

5401 新日本製鐵
Xday
特に影響がないと思われる。

5016 新日鉱ホールディングス
Xday
特に影響がないと思われる。

1808 長谷工コーポレーション
Xday
カジノ付きマンション構想を発表？

1601 帝国石油
Xday
特に影響がないと思われる。

6758 ソニー
Xday
PSXにカジノ機能を搭載、爆発的なヒット商品となる。

6302 住友重機械工業
Xday
特に影響がないと思われる。

5233 太平洋セメント
Xday
特に影響がないと思われる。

4502 武田薬品工業
Xday
特に影響がないと思われる。

1801 大成建設
Xday
各地でカジノを中心とした再開発が活発になる。

第2章・社会 政治編　カジノが合法化

Ｘデー銘柄

9708　帝国ホテル
1700円（1000株）

超高級ホテルの草分け。帝国ホテルは、ハイソサエティを集めて行われるカジノのイメージにフィットするため、期待が高まる。ただし、現在、同ホテルはカジノ参入を表明しているわけではない。

上昇率：高　確実度：小

6418　日本金銭機械
3530円（100株）

貨幣処理・金銭登録機メーカー。米国でのカジノ向け紙幣選別機は、トップシェア。カジノ解禁となれば、需要はうなぎ昇り。カジノ関連銘柄といえば、同社があげられる。他に『グローリー工業（6457）』と『オーイズミ（6428）』。

上昇率：高　確実度：中

9766　コナミ
3090円（100株）

ゲーム・アミューズメント・エクササイズの最大手。米国では、ネバダ州をはじめ20州で、カジノのゲーミングライセンスを取得済み。カジノ解禁時には、中心銘柄として脚光を浴びる。

上昇率：高　確実度：大

6425　アルゼ
2560円（100株）

パチスロ機製造最大手。東京都のカジノ解禁をにらみ、有明に本社を移転。米国でラスベガス屈指のカジノをプロデュースするウィン・リゾーツ社と業務提携し、コストとセキュリティを両立させたカジノ管理システムを手がけている。

上昇率：高　確実度：大

9984 ソフトバンク
オンラインカジノ等の事業に進出する可能性大。 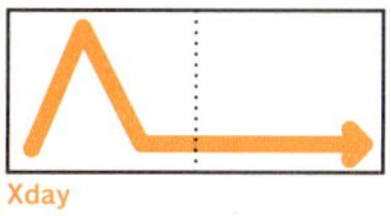

8801 三井不動産 
各地でカジノを中心とした再開発が活発になる。

8411 みずほフィナンシャルグループ 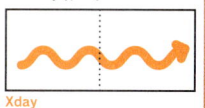
カジノ運営企業への食い込みで明暗。

8058 三菱商事 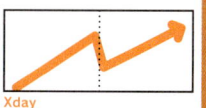
カジノ関連投資に成功が見込まれる。

6857 アドバンテスト 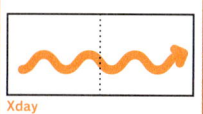
特に影響がないと思われる。

4755 楽天 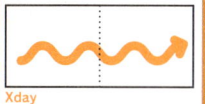
特に影響がないと思われる。

9437 エヌ・ティ・ティ・ドコモ 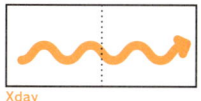
特に影響がないと思われる。

8604 野村ホールディングス 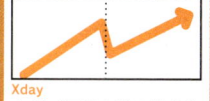
カジノ運営企業の株式公開がブームとなろう。

8183 セブン-イレブン・ジャパン 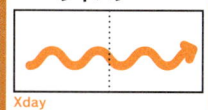
特に影響がないと思われる。

7203 トヨタ自動車 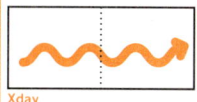
特に影響がないと思われる。

Xデーの投資戦略③
個人投資家は、アナリストレポートの先回りをすることができる！

「みずからの判断で将来のリスクを予測し、目的を持った投資行動をとること」こそが、Xデーに備える投資のコンセプトといえる。と同時に、これは個人投資家が株式投資でアナリストに勝つために必須の投資コンセプトでもある。

アナリストレポートの先をいくには……

1. 新製品がヒットする → **これをキャッチして投資する人** → 素早い！ 株価上昇の前に行動した
2. アナリストが企業を訪問
3. 業績に関する情報を得る
4. アナリストレポートを書く → **これをキャッチして投資する人** → 遅い！ すでに株価は上昇している

結論 ふだんの生活の中で投資情報をつかめ！

アナリストの情報源は何か？

証券マーケットでは、証券会社のアナリストレポートでの「企業の投資格付」が引き金となって、株価が上下することがよくある。業績の上方修正でレーティング（投資格付）をアップ、ターゲットプライス（目標株価）を上方修正するし、逆に業績の下方修正があればレーティングはダウン、ターゲットプライスの下方修正となる。

ここで、もしアナリストレポートが出る前にその企業に投資しておけば、もっと大きく儲かることができるだろう。はたして、そんなことができるのだろうか。

通常、アナリストは企業訪問をする。訪問先はIR担当、財務担当役員、社長などだ。そこで、彼（彼女）は、「ある製品の人気に火がついてフル操業が続き、業績を上方修正しそうだ」という情報を得たりする。この情報が彼（彼女）のレポートになる。

この情報はすでに「ある過去についてのもの」だ。小売店などでは、何日も売り切れが続いていたはず。つまり、毎日の買い物やウインドーショッピングという「現場レベル」では、もっと前にその現象に気づくことができるということに注目したい。

生活の現場で情報をキャッチ

たとえば、事前に「SARS」の流行を予測し、栄研化学（SARS診断薬）を仕込むといったことだ。大地震やテロ、財政破綻などのXデーに対しても同様である。イベントをできるかぎり事前に予測し、それに対応した投資行動をあらかじめとっておくことこそ、アナリストレポートの先をいく投資であり、これは決して不可能なことではないのだ。

ビジネスマンがいま、妻や恋人からプレゼントをせがまれて買い物に出たとする。彼女が求めるブランドや商品は、売り切れていた。何軒か探しまわったが、どこにもない。ここで「何

で置いてないんだ」と怒るのは素人であって投資家ではない。投資家ならば「売り切れ」という情報をつかんで、さっそくその会社について調べるだろう。

このように考えれば、アナリストの調査レポートより何カ月も前に、貴重な情報を得ることができる。ただし、これだけではまだ利益に直結しない。最適なタイミングで株を買い、アナリストレポートや業績の上方修正まで辛抱することが必要だ。

好材料は、大衆が知って初めて株価が動く好材料となる。人より多く儲けたいのなら、大衆が気づくまで我慢することだ。それが、イベントが起きる前に手をうって備える「Xデー的投資コンセプト」となる。

Xデーの投資戦略④
Xデーをむかえる前に基本スタンスを決めておこう

イベント発生時の投資戦略は、平常時にとるべき戦略とまったく異なったものになる。Xデーへの対応策は、保有する資産額や投資姿勢によっても大きく異なってくる。ここでは、投資家タイプ別にXデー対応策をまとめておく。

タイプ別Xデー対策

一生困らない人
- Xデーが起こる場所から離れる
- 海外に資産を移す
- 異なる通貨に分散投資

人生を変えたい人
- 預金は最少額に
- 積極的に株式投資をせよ
- Xデーをチャンスに勝ちあがれ

あくまで慎重な人
- Xデー後は株式投資を控える
- 数ヵ月後、投資を再開
- インフレ時の資産対策を怠るな

すでに一生、困らないだけの資産がある人

「天災」「人災」などの生命の危機に直面するXデーを、幸運にも察知することができたら、その場所からできるだけ離れて命を守りたい。そして「金融パニック」に備え、その資産を守るための行動として海外に資産を移す。具体的には米ドル、ユーロ、オーストラリア・ドル、当面の生活に必要な分の日本円に分散する。偏ったら分散する意味がないから、どの通貨が有利かは考えない。そして気候のやさしいハワイあたりのホテルか別荘で、Xデーを待ちたい。

投資よりも、そこそこの人生をお望みの人

基本は変わらないが、打算的な行動は慎みたい。予想が外れて大損する事態を避けるため、見きわめがつくまでは株式投資を控える。事前準備段階での候補銘柄選びにとどめておこう。
そしてXデーが遠のいたと感じた場合には、思い切って一度「現金化」したい。多少の損が出ても、わりきって次のチャンスを待つのである。そしてXデーに遭遇した場合には、「身の安全」を第一に考える。あわてて株に手を出してはいけない。
大きなイベントをきっかけに、日本経済全体に激震が走り、「ハイパーインフレ」に突入する場合(第3章参照)、金融資産は金額ベースでは目減りしないものの相対的な価値が下がる状態になり、現金だけでは実質的資産が目減りすることになる。そこでXデーの後、数ヵ月たって世の中が落ち着くころに投資を再開する。

ピンチをチャンスととらえ、人生を一変させたい人

まだ「一生困らないだけの資産形成はできていない」という方は、Xデーをチャンスととらえることもできる。最終目標は「一生困らないだけの資産」だ。いまある資産を爆発的に「大化け」させる方法を模索したい。
ハイパーインフレに強いのが株式だ。日本円(通貨・銀行預金)は必要最小限にとどめ、積極的に株式投資をしたい。具体的銘柄は、本書中の「Xデー銘柄」を参考に。
人生を一変させる投資なのだから、2倍になったから利食いというようなケチなことは考えず、10倍になるのをじっと待ちたい。もちろん、苦楽を共にしてXデーの中を落ち着いて歩んでいける良きアドバイザーが、世の中の半歩先を見すえた提案ができるプロとめぐりあうことが決め手となる。

第3章
経済編
○財政破綻への道

一見すると明るくなりはじめてきたかのような日本経済だが、財政は悪化の坂道を転げ落ち続けている。膨張する「国の借金」である国債は金利上昇により暴落、インフレはさらなる金利の上昇を招き……。この章ではついに語られはじめた「財政破綻」への悪夢のシナリオを考えたい。

流動性の罠とハイドロプレーン現象

ケインズもビックリ！

しまう状態を指す。長雨の日に溝のないタイヤで自動車を運転すると、タイヤと路面の間に水の膜ができてタイヤが空回りし、ハンドルが効かなくなり、コントロール不能となる。この危険な現象は「ハイドロプレーン現象」と呼ばれている。スピードを出しているとき、カーブにさしかかったところでこの現象が起こると大事故につながる。

「流動性の罠」も同じこと。超低金利が続いた後、政府日銀の金融政策による景気や経済のコントロールが効かなくなるという点で、「ハイドロプレーン現象」にたとえられるだろう。

かつて現在のような異常に低い金利水準が、これほど長期にわたって継続したことはなかった。有史以来、人類が初めて経験する事態といっていい。しかもGDP世界2位という巨大な経済圏で起こっているところが恐ろしい。この事態が今後日本経済にどのような影響を与えていくのか、それを予想することはきわめて難しい。

その昔、近代経済学の創始者であるジョン・メイナード・ケインズ（J. M. Keynes）は、現実世界では恐らくありえないとしながらも、「流動性の罠」と呼ぶ経済現象が起こりうることを指摘していた。「流動性の罠」とは、利子率が異常に低い状態が継続している状況で、金融政策によって景気や経済をコントロールすることができなくなって

しまう状態を指す。引き起こすには至っていないといえる。どうやらケインズが「多分こんなことは現実には起こらないので、懸念に終わるだろう」と考えていたようだ。だが、その起こるはずのない現象が、今、日本で起こっているようだ。学者の中には、すでに起こっていると指摘する者もいるのだ。

その代表は米国プリンストン大学のポール・クルーグマン教授。彼は、「日本はすでに『流動性の罠』にはまっているので、インフレに向かうような政策をとるべき」と主張している。

もしかりに日本が「流動性の罠」の現象を経験しているとしても、過去にこの現象を経験した国はなく、したがってどの処方箋（政策）が本当に効くのか、わからないはずだ。特にインフレターゲット政策という処方箋は、日本の累積した巨額の財政赤字との相乗効果で、恐ろしい副作用を起こすことが懸念される。

日本に効く処方箋はあるのか

ただし、今の日本は幸いにも景気が低迷している（スピードが遅い）ために、経済パニック（大事故）を

債務残高の国際比較マップ

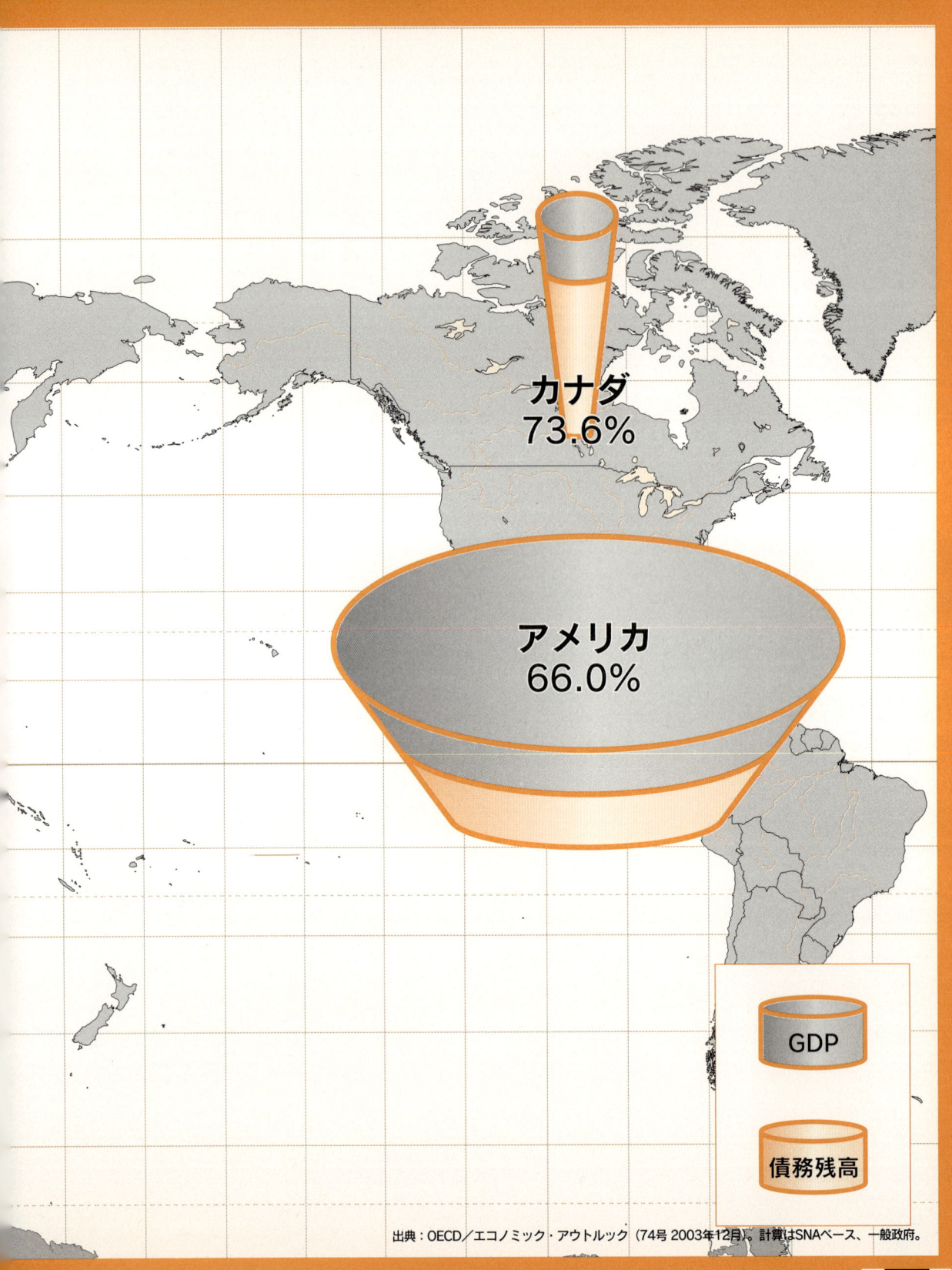

カナダ 73.6%

アメリカ 66.0%

GDP

債務残高

出典：OECD／エコノミック・アウトルック（74号 2003年12月）。計算はSNAベース、一般政府。

日本の債務残高はGDPの1.6倍！

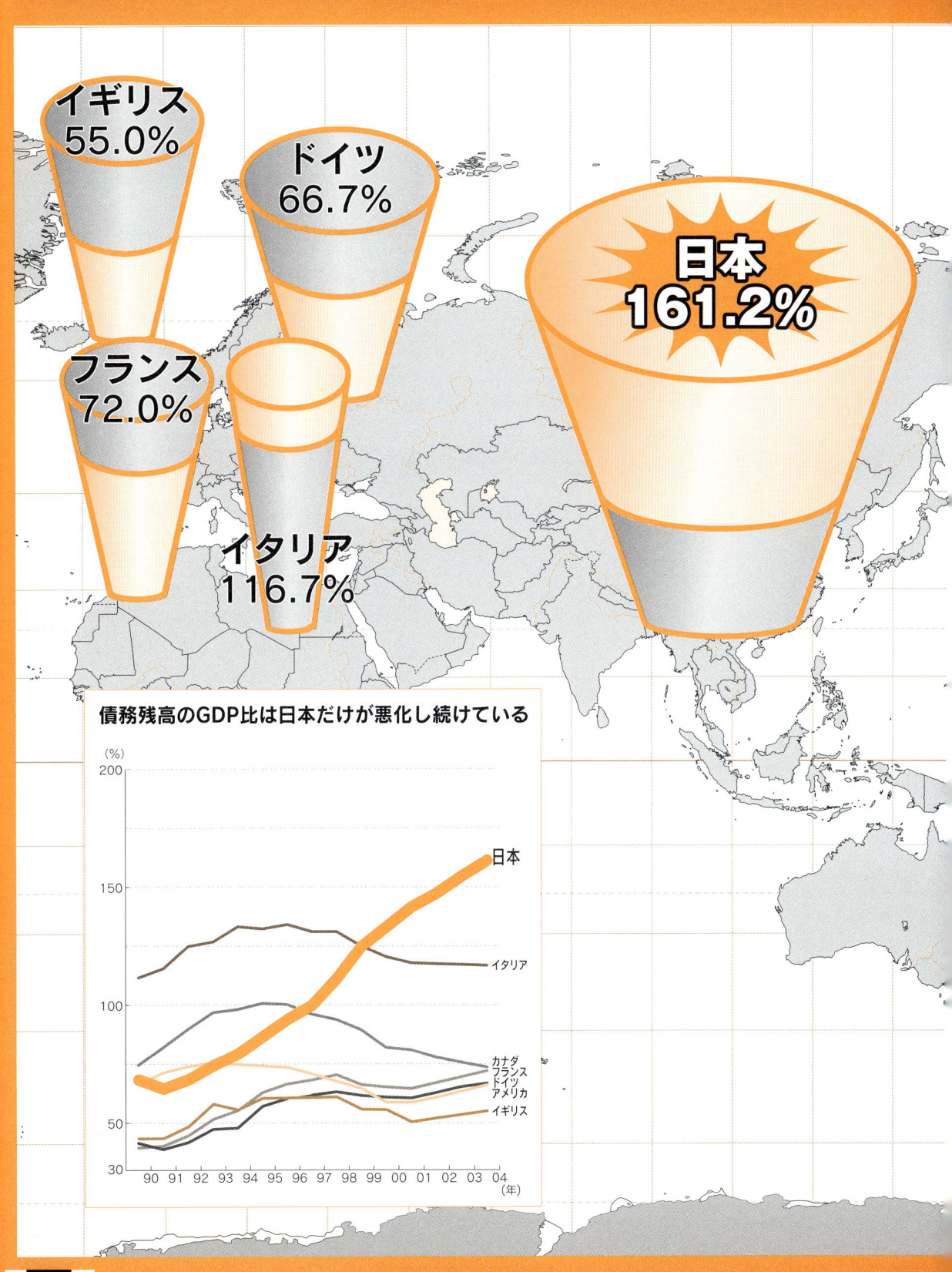

イギリス 55.0%

ドイツ 66.7%

フランス 72.0%

イタリア 116.7%

日本 161.2%

債務残高のGDP比は日本だけが悪化し続けている

日本
イタリア
カナダ
フランス
ドイツ
アメリカ
イギリス

(%) 200 / 150 / 100 / 50 / 30
'90 91 92 93 94 95 96 97 98 99 00 01 02 03 04 (年)

財政危機がやってくる

危ない銀行の国有化や公的資金の注入もあり、金融システムをめぐるリスクは遠のいたかに見える。だが、依然として日本経済の病状は深刻だ。巨額の財政赤字、長期化する異常な低金利政策、そしてこれまでのさまざまな金融政策上の無理が蓄積され、やがて「臨界点」へと到達する……。

財政破綻への道

膿が別の容器に移し換えられただけ

民間金融機関を悩ませ、金融システムの不安を引き起こしてきた不良債権問題。しかし、きっちりと取るべき責任を取らせて「膿を全部吐き出させる本来の破綻処理」は避けられ、結局は相当部分を、国すなわち「国民が肩代わりする形」での対応に終始した。1999年2月からのゼロ金利政策という異常な低金利政策も、デフレ対策であるとともに銀行救済という側面が強い。つまり膿は、いったん別の器に移し換えられたにすぎず、根本的な処理がなされたわけではない。

最近、マスコミでも「日本の財政破綻」「その日」が語られるようになってきた。「その日」はどんなかたちでやってくるのか、そのシナリオを分析しよう。

日本経済の赤字体質

平成16年度の予算では、国の収入（税収）は41.7兆円で、政府出費（歳出）は82.1兆円。差し引きすると40.4兆円の赤字、つまり出費に対して収入は半分程しか見込めていない。つまり、年収が400万円なのに、その倍の800万円を何年も使い続ける浪費ファミリーだと思っていいだろう。

この40.4兆円の赤字分の大部分は国債の発行、つまり国民からの借金でまかなわれる。こうした大幅な借金財政は、90年の日米構造協議の後、91年あたりから続いていて、その赤字を補てんするために発行されてきた国債の発行残高は、500兆円にも膨らんでいる。

一方、アフリカ、東南アジア、南アメリカなど、全世界の開発途上国が借り入れている金額（累積債務）の合計は約275兆円で、日本政府の借金の半分程度でしかない。

72

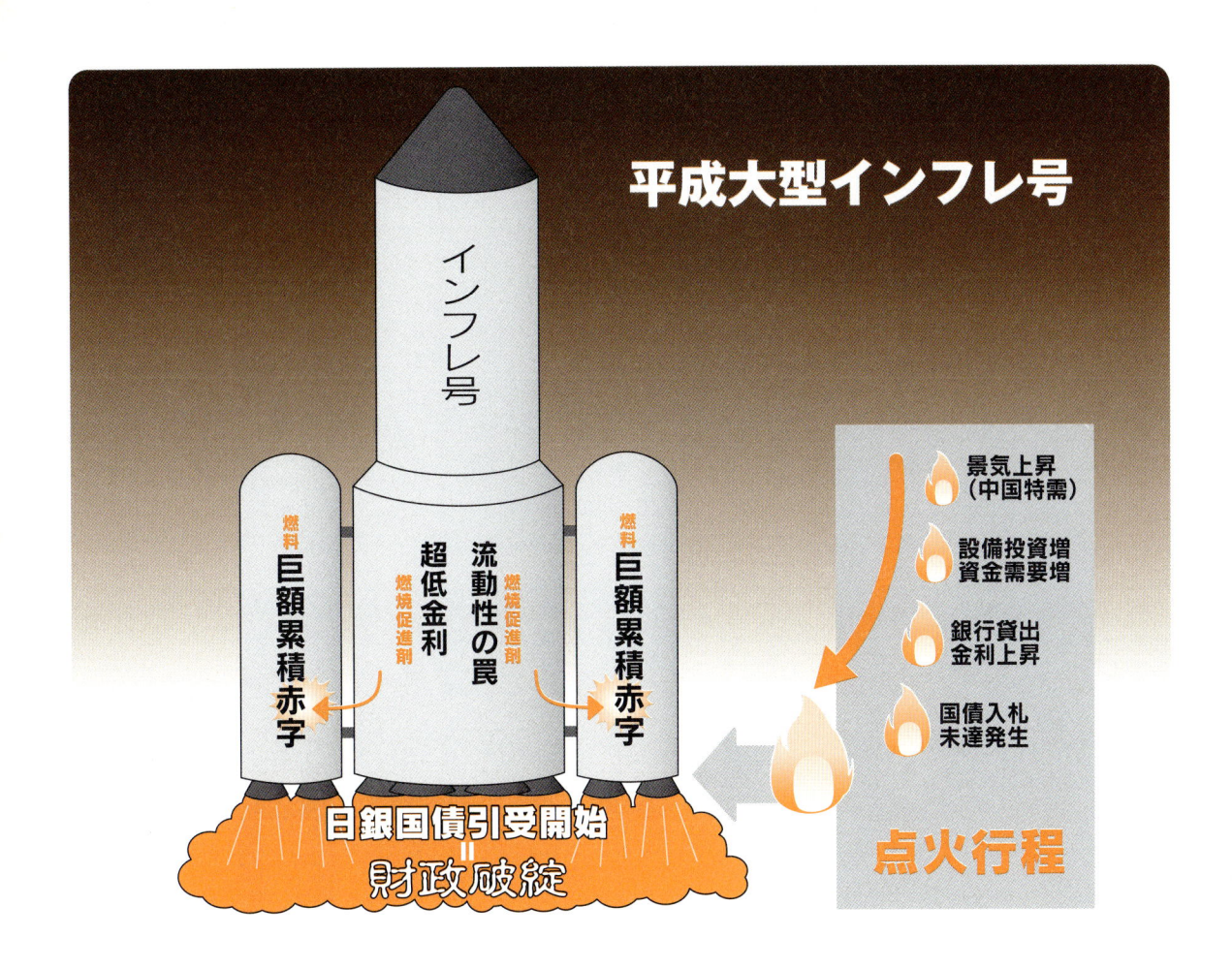

第3章・経済編　**財政危機がやってくる**

平成大型インフレ号

ロケット本体ラベル：
- インフレ号
- （中央燃焼促進剤）流動性の罠／超低金利　燃焼促進剤
- （左右燃料）巨額累積赤字

噴射部：日銀国債引受開始＝財政破綻

点火行程
- 景気上昇（中国特需）
- 設備投資増　資金需要増
- 銀行貸出金利上昇
- 国債入札未達発生

現在の財政の状況はどれぐらい厳しいのか

日本の財政危機が叫ばれて久しい。橋本政権が財政健全化に取り組んだのが97年だったが、景気後退と金融不安の痛みに耐えられずに政権は倒れた。次に登場した小渕政権は、財政拡大路線に戻り、以後、財政赤字は増大し続けた。

その結果、政府や地方公共団体など公的部門が背負っている借金の総額は、膨大なものとなった。国債などの直接的な債務のほか、公的年金の積み先に述べたように、国の収入は40兆円程度なので、この収入を全部この借金の返済にあてたとしても、なんと返し終えるには12年以上もかかるのだ。500兆円は、国が国債を発行して直接的に借りている借金だが、この借金を、赤ちゃんも含めた国民全員にわりあてると、一人当たり378万円にもなる。

戦後、昭和20年当時の国債発行残高も、一般会計総額の約7倍であった。その後、激しいインフレにみまわれることになる。

73

本来ありえないことが起きている現実

立て不足額、特別会計からの借り入れなどによる隠れ借金、財政投融資が抱える不良債権などを含めると、なんと900兆円におよぶとの推計もある。

この日本の財政状況がどれくらい深刻なものなのか、財務省主計局の資料などをもとにさらに具体的に見ていくことにする。

れから発行される国債の消化に、あまり不安は感じていないようだ。

平成16年に発行が予定されている国債の総額は162兆円だが、**そのうち84兆円は、満期がきた国債の借換債**となる。満期まで保有していた投資家の多くは、デフレでもあり、他に投資をする適当な対象もないので、その満期の償還金で借換債を買ってくれると見ている。

また、41兆円発行される財政融資資金特別会計国債は、その大部分が郵貯、年金による購入が決定済み。さらに日銀にしても、新規国債の直接の引受こそしないものの、金融機関が保有する国債を市場から毎月1兆円以上、年間にするとおよそ13兆円も買い入れているのである。

その奇蹟はなぜ続いているのか?

奇蹟のカラクリは、明確である。1400兆円に積みあがっている個人金融資産が、銀行や郵貯を通して、結局は政府への赤字補てんにうまく回っているからだ。そのため、政府はたいした苦労もなく借金の借り増しができてしまうのである。

すなわち、政府に対してとても寛容な個人が多いのである。また、景気の低迷とデフレが続いているために、金利が下がっても企業からの資金需要が少ないので、預貯金の運用として国債を保有することがもっとも無難な経営判断だと考えている金融機関が多いということもある。

さらに、日本の貿易収支は大幅な黒字を続けているので、外国や国際機関

からの借金などあるはずがない。それどころか世界最大の債権国なのだから、そんな金持ちの国の政府が破産するはずがないと、悠然としている人たちが多いということもあげられる。

結局、日本政府は誰から借金をしているのかといえば、それはその借金の期限がくる未来の国民、つまり子孫たちからなのだ。まだ幼い彼らは、幸いにも今はものいわぬ返済者でいてくれるのである。本来なら「親は子のために財産を残すもの」なのに、まるで「浪費家の親が、子どもの将来の所得を担保に勝手に借金をしている」という形となっているのだ。

楽観的なマーケット関係者たち

そうすると実質的に市中で消化しなければならない新新発国債の額は20兆円少々という結果となる。この程度なら金融機関の引受余地は充分あるとの判断で楽観している。

国債を売買しているマーケット関係者は、今後の国の借り増し、つまりこ

平成16年度国債発行予定額
<発行根拠法別発行額>　　　財務省 (単位：億円)

区　　　　　　　分	16年度予定
新　規　財　源　債	365,900
建　設　国　債	65,000
特　例　国　債	300,900
借　　換　　　債	844,507
財　政　融　資　特　会　債	413,000
（市　中　発　行　分）	(117,000)
（経　過　措　置　分）	(296,000)
合　　　　　　　計	1,623,407

74

第3章・経済編　財政危機がやってくる

日本国債の暴落と財政破綻

財政破綻とは実際にどんな現象か?

財政破綻はどのような現象として私たちの目の前にあらわれるのだろうか。それは、政府の借り入れに支障が生じる=新規の国債の発行ができなくなる=国債入札の未達、という現象としてあらわれる。

国債は、入札とシンジケーション団による引受（各々75％、25％）によって発行される。もし、新発国債への需要が大幅に減少すると、入札に際して発行予定額に見合う応札額が集まらず「未達」とか「札割れ」とかいう状況が起こり、国債が売れ残る。

そのようなことになると政府の資金繰りに支障がでて、財政支出ができなくなり、大変なことになる。それゆえに、売れ残った国債は仕方なく日銀が引き取ることになる。これが「日銀による国債の直接引受」だ。引き受けたその代金は、日銀が円を増発して政府に渡すことになる。

「未達=国債の売れ残り」は起こるのか

こうした国債の売れ残り回避のために、日銀による国債の引受が行われると、お金の量が急激に増えて、日本政府の信用も大幅に失墜する。そして円の価値が下がり、結果としてインフレを招くことになるのだ。

ただし、前述のマーケット関係者の見方からすると、今のような景気が低迷しているデフレ経済の状況が続くかぎり、新発国債は順調に消化されて「未達」は起きそうにないという。政府は今後もこれまでのように大幅な赤字予算を組み、その埋め合わせに国債を増発させて対応していけるのだろうか。

それは、後に述べるように金利情勢しだいであり、景気動向によっても左右されるであろう。

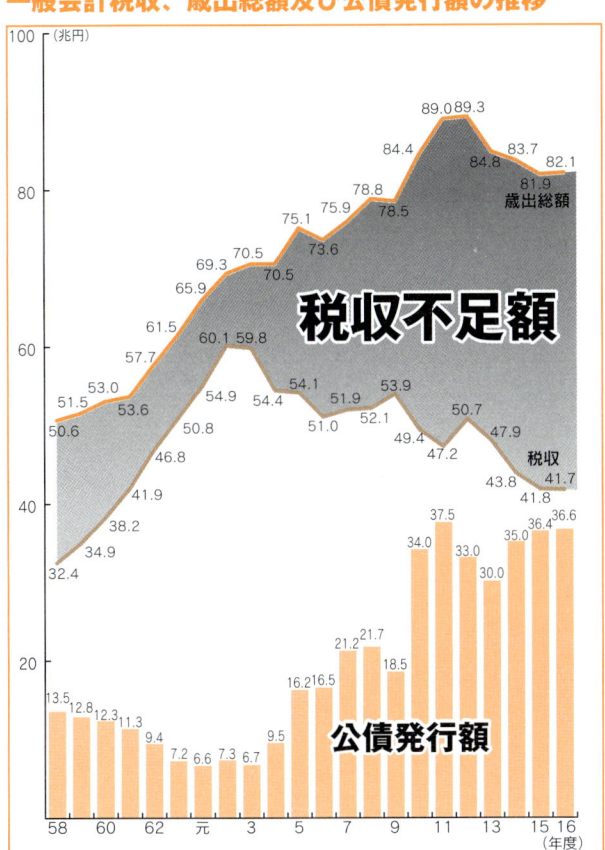

一般会計税収、歳出総額及び公債発行額の推移

（財）大蔵財務協会編『平成15年度版　財政データブック』より
（注）1　平成14年度までは決算、15年度は補正後予算、16年度は予算による。
　　　2　平成11年度以降、国・地方あわせて平年度で6兆円を超える恒久的減税を実施。

75

投資家たちは、Xデーを意識しはじめた

投資家の不安は、金利の上昇

もし、今のような状況、つまり大量の国債を異常な低金利で発行し続けている状況で、金利が上昇しはじめたらどうなるだろうか。

発行される国債の償還期限は多くが10年ないしは5年である。

これらの国債は「固定利付き債」といって、発行時についた表面利率（クーポン・レート）は償還まで固定される。つまり10年もの、あるいは5年ものの固定利付き債として発行されているのである。こうした固定利付き債は、金利が上昇すると市場価格が下落してゆくことになる。

今のようなゼロ金利の状態から金利が上昇し出すと、上昇余地が大きいだけに、どこまで金利は上がり続けるのか、いいかえればどこまで国債の価格が下落し続けるのか、国債を保有している投資家はとても不安になるはずだ。

日銀が登場し、やがて金利が上がる

投資家に不安が蔓延しはじめると、新発国債を買う勇気のある投資家は姿を消し、国債の入札に参加する金融機関の姿勢も消極的になっていく。たとえ満期に償還金を受け取った投資家であっても、その償還金でまた借換債を買うという行動には出ないだろう。そこで登場するのが、銀行の銀行。お金を発行することができる日本銀行だ。日銀が売れない国債をせっせと買い出すとどのようなことになるかは後述するとして、問題は、日本の金利が上がり出すような事態が近い将来起こりうるのだろうか、という点だ。

答えは「十分にありうる」である。すなわち、デフレ経済にひたっているかに見えるわれわれにも、いつ、どんな形で金利上昇があるのかということを意識して市場から目を離さずにいることが求められている。

景気回復がXデーを到来させる

金利が上がり出すとき

どのような状態がやってきたときに、金利が上がり出すのだろうか。それは、景気が良くなって需要が増え、それに呼応して企業が生産能力を高めようと、設備投資を増やしはじめるときである。

設備投資には資金が必要となるので、企業は銀行にお金を借りにいく。借り手が増えると銀行は金利を引き上

平成16年度国債発行予定額
<消化方式別発行額>

財務省（単位：億円）

区　　　　　　　分	16年度予定
30年債	20,000
20年債	69,000
15年債	60,000
10年債	228,000
5年債	229,000
2年債	192,505
短期国債	341,709
物価連動国債	6,000
市 中 発 行 分 計	1,146,214
（除く短期国債）	(804,505)
郵　貯　窓　販	23,000
日　銀　乗　換	132,193
財 政 融 資 資 金 乗 換	10,000
財政融資特会債経過措置分	296,000
郵便貯金資金	197,000
年金資金	75,000
簡易生命保険資金	24,000
公 的 部 門 計	461,193
個 人 向 け 国 債	16,000
合　　　　　　　計	1,623,407

76

第3章・経済編　財政危機がやってくる

げる。企業にすれば、多少金利が高くなっても商売で利益が見込めるので、金利コストを吸収できると読む。それならば、貸し手はさらに金利を上げてくるだろう。

こうして高い金利でもお金を借りたい企業が増えれば、金融機関は、利回りが低くて、しかも金利が上昇すると価格が下がってしまう国債など買わなくなる。

国債が売れないと困るので、政府は国債の利率を引き上げる。すると投資家は、すでに持っている国債の値段がますます下がるだろうと考える。その結果、投資家は、**国債を保有することが怖くなって売ってくるだろう。それでさらに国債の価格が下落するのである。**

あんなに期待していた景気の浮揚なのだが、それが金利の上昇を招き、国債の発行を難しくして、「未達」の恐れを招く。まさしく「好事魔多し」である。

「流動性の罠」と過剰債務

金利が上昇したとしても、国債の利回りが5％、あるいは6％の水準にあってくれたら、過去のチャートからも円の長期金利の上限は8％程度と判断されるだろう。この程度の上昇なら、国債価格の下落幅も限られるので、それほど深刻なことにはならない。

しかし、現在の国債の利回りは1・3％近辺にある。ここから8％まで金利が上がったときの「10年物国債」の価格下落は、すさまじいものになる。

価格100円で購入したクーポン（表面利率）1・3％の10年物国債の市場利回りが、短期間に8％にまで上昇すると、価格は63円近辺まで下がってしまう。なんと資産が4割近くも目減りしてしまうのだ。特に国債を大量に保有している金融機関にとっては悪夢のような事態となる。

現在のような超低金利から金利が上昇しはじめている局面で、債券投資をすることは、このように恐ろしくリスクが高いものとなる。

年に160兆円以上も国債を発行しなければならないのに、金利を上げ（＝値段を下げ）ても誰も買ってくれない。これが政府の過剰債務と「流動性の罠」との相乗効果の怖さといえる。

いつかきた道「ハイパーインフレ」の迷宮へ

トリガーは、中国経済なのか

近い将来、日本の景気を急速に、かつ激しく刺激する要因として、考慮に入れるべきことは何か。

この問いに対して、金融市場のリサーチを手がけるRPテック社の倉都康行社長は「それは中国経済なのかもしれない」と話してくれた。

13億人超の経済で本格的に消費が拡大してきたら、生産財であれ消費財であれ、いくらあっても足りなくなるはずだ。それは、日本経済にとっても大きな需要（特需）となり、景気を刺激して、大ブームとなるかもしれない。そしてそのとき、国債の発行に頼り過ぎた財政政策の破綻が始まることになる。

日銀の国債大量買いでハイパーインフレに

景気の浮揚と金利上昇によって売れなくなった国債。その残された最大の買い手は、日銀となる。日銀が買わされる国債の額は、その年の赤字補てん分、平成16年度でいえば約36兆円だけではなく、借換債も含めた約162兆円である。さらに500兆円の発行残のなかから金利の上昇を懸念して市場に投げ売られるぶんも買い支えなければならないだろう。

そこで、国債の新たな買い手として、現在大きく期待されているのが個人である。現状では、国債の保有者としては、銀行、保険、年金などがその大多数を占めており、個人による国債保有割合はわずか2・3％ほどしかない。

しかし、ペイオフ全面解禁によって、預貯金からの避難資金が政府保証を求めて個人向け国債（変動利付き債）に向かう動きが予想される。そこには、日銀とともに国債の最後の買い手として個人に登場してもらおうとする意図があるのではないだろうか。

さて、日銀の話に戻ろう。最悪のシナリオを想定すれば、日銀は国家予算の何倍もの国債を買わされることになる。その結果起こること——それは当然、インフレだ。それもハイパーインフレと呼ばれる年率数十〜数百％といううすさまじいものになってしまう恐れがあるのだ。

中国は、2008年にオリンピックを控えている。特需は、当然ながらその前にやってくるだろう。それは、決して遠い未来ではない。投資家にとっては目の前の現実なのである。

戦後のハイパーインフレ

『値段史年表 明治・大正・昭和』週刊朝日編（朝日新聞社）より

	小豆 （1升）	ガソリン （1ℓ）	鰹節 （1本）	牛肉 （100g）	金 （1g）
昭和20年	0.72		20.00	0.80	4.80
昭和21年	2.26	1.20	35.00	6.00	17.00
昭和22年	4.20	7.90	50.00	8.80	75.00
昭和23年	21.70	14.00	65.00		326.00
昭和24年	43.70	17.70	75.00		385.00
昭和25年	57.00	23.00	145.00	37.00	401.00
昭和26年	177.50	24.60	170.00		585.00
昭和27年		34.00	140.00	72.00	
昭和28年		36.00	200.00		585.00

（単位・円）

人気20銘柄はこう動く！

6701 日本電気
Xday
国内は実体経済停滞で苦戦、海外は順調。

5401 新日本製鐵
Xday
実体経済停滞が続き、苦戦。

5016 新日鉱ホールディングス
Xday
ハイパーインフレで資源価格は暴騰するが、販売量は落ち込む。

1808 長谷工コーポレーション
Xday
実体経済停滞が続き、苦戦。

1601 帝国石油
Xday
ハイパーインフレで資源価格は暴騰するが、販売量は落ち込む。

6758 ソニー
Xday
国内は実体経済停滞で苦戦、海外は順調。

6302 住友重機械工業
Xday
実体経済停滞が続き、苦戦。

5233 太平洋セメント
Xday
実体経済停滞が続き、苦戦。

4502 武田薬品工業
Xday
実体経済停滞が続き、苦戦。

1801 大成建設
Xday
実体経済停滞が続き、苦戦。

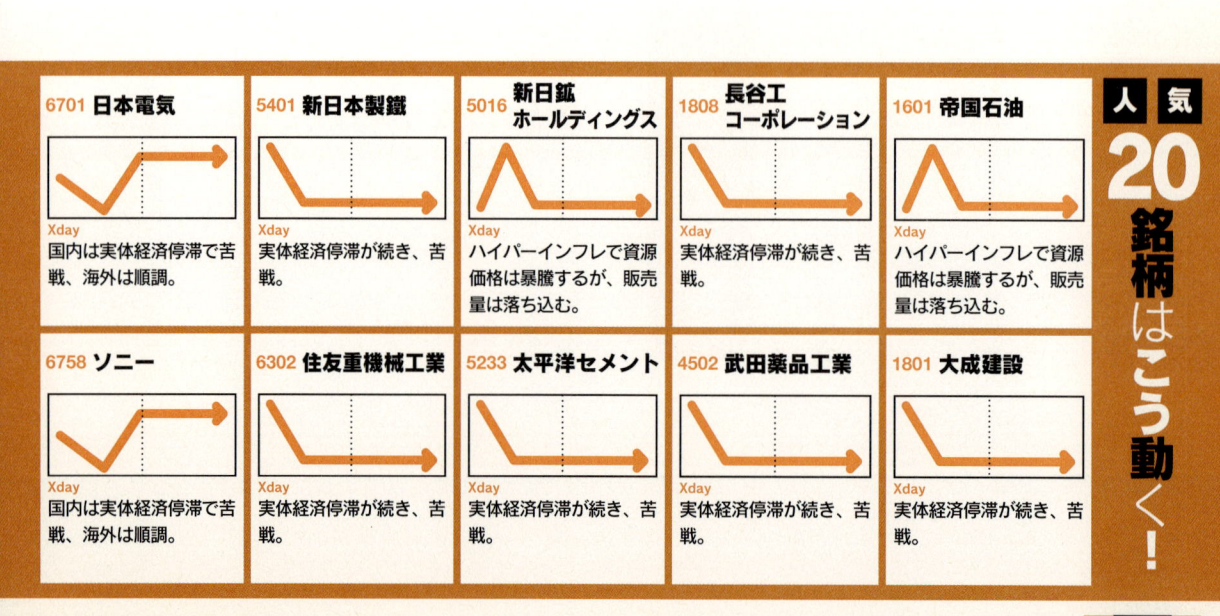

第3章・経済編　財政危機がやってくる

財政破綻、そのとき株式市場はどうなるか

　財政破綻、ハイパーインフレとなった場合、日本円の信用が失墜し、不動産、ゴールドなどの実物資産へのシフトが急激に進む。同時に海外への資本流出が起こる。よって、株式マーケットではその流れに有利な銘柄群（不動産、資源等）は買われ、その逆の銘柄群はかなりの勢いで売られるだろう。

　その他、上昇する銘柄の条件として、海外資産を大量に保有している、海外に多くの生産拠点がありグローバルマーケットに対応した企業があげられる。いわゆる、本当の意味での国際優良株（自動車、テクノロジー等）となろう。

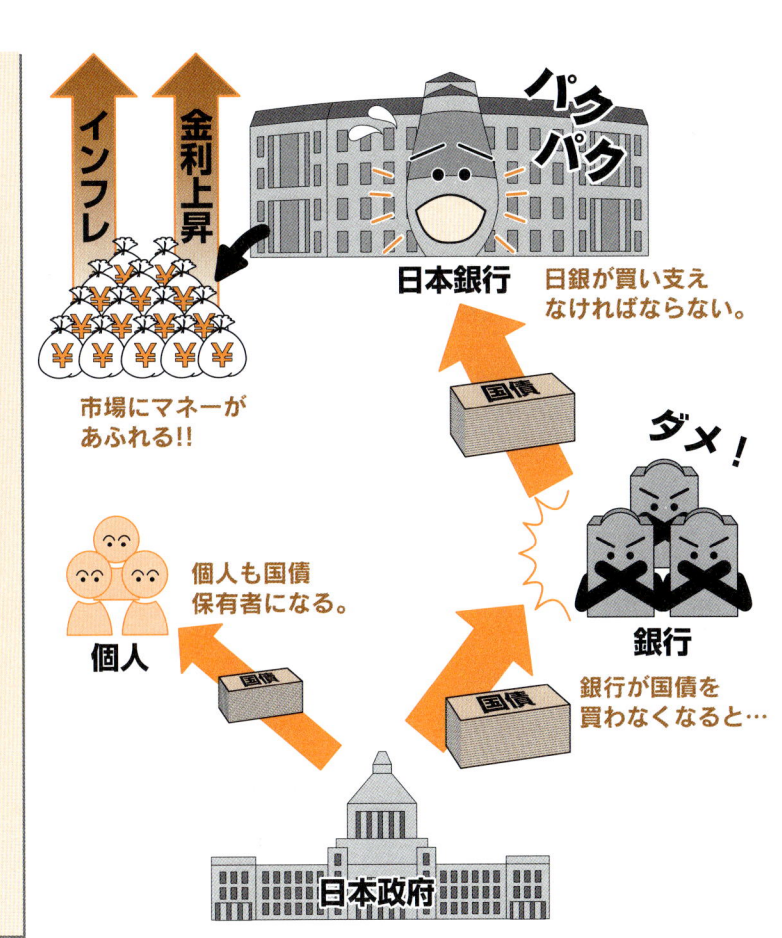

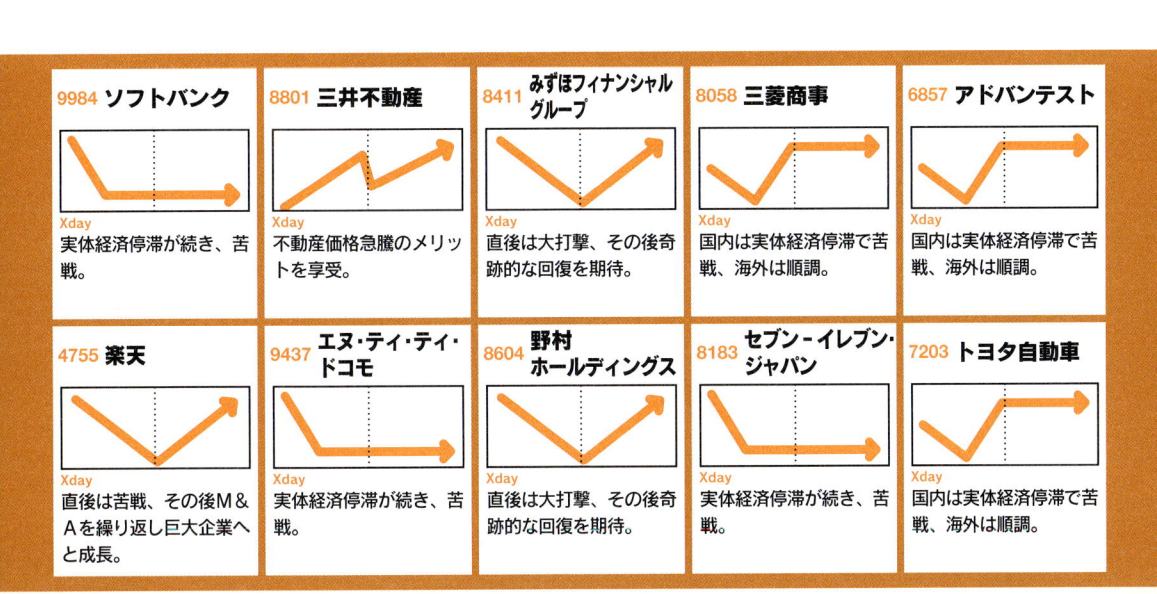

インフレ／金利上昇
市場にマネーがあふれる!!

日本銀行 パクパク
日銀が買い支えなければならない。

銀行 ダメ！
銀行が国債を買わなくなると…

個人
個人も国債保有者になる。

日本政府

9984 ソフトバンク	8801 三井不動産	8411 みずほフィナンシャルグループ	8058 三菱商事	6857 アドバンテスト
Xday 実体経済停滞が続き、苦戦。	Xday 不動産価格急騰のメリットを享受。	Xday 直後は大打撃、その後奇跡的な回復を期待。	Xday 国内は実体経済停滞で苦戦、海外は順調。	Xday 国内は実体経済停滞で苦戦、海外は順調。

4755 楽天	9437 エヌ・ティ・ティ・ドコモ	8604 野村ホールディングス	8183 セブン-イレブン・ジャパン	7203 トヨタ自動車
Xday 直後は苦戦、その後M＆Aを繰り返し巨大企業へと成長。	Xday 実体経済停滞が続き、苦戦。	Xday 直後は大打撃、その後奇跡的な回復を期待。	Xday 実体経済停滞が続き、苦戦。	Xday 国内は実体経済停滞で苦戦、海外は順調。

Column

現行の法体系内で緊急時に政府が個人資産に対してどこまでの制限ができるか

出澤秀二（株式会社フィスコ顧問弁護士）

憲法と財産権の保証

憲法は、「財産権は、これを侵してはならない」（29条1項）と規定している。しかし、「財産権の内容は、公共の福祉に適合するやうに、法律でこれを定める」（同条2項）とし、「公共の福祉」に適合した制限が可能であることを明記している。

つまり、国は、「法律」にもとづかなければ国民の財産権を制限することはできない。だが、逆に法律にもとづくことによって、財政破綻時に緊急的になんらかの財産制限的な措置を行うことができることになる。

日本銀行による国債引き受け

財政破綻（ひいては、預金封鎖等の緊急事態）の引き金となりうる日本銀行による国債引き受けは、財政法に根拠がある。財政法5条は、「すべて、公債の発行については、日本銀行にこれを引き受けさせ、……てはならない」としながら、ただし書で「特別の事由がある場合において、国会の議決を経た金額の範囲内では、この限りでない」としている。

すなわち、国債と銀行券の輪転機を回すだけで、政府の懐からは必要な資金が魔法のように現れるのである。

もちろん、国会の決議を要することになるので、当然、国民の監視のおよぶところであり、激しい議論を巻き起こすことは予測されるが、このような事態が生じるときは、すでに日本国債は相当信用力を低下させていることであろう。

なお、国債の債務不履行（デフォルト）は、日本銀行による国債引き受けの場合以上に国の信用を失墜することになるので、まずありえない。債務不履行を起こすくらいであれば、日本銀行に国債を引き受けさせて、その資金で既存の国債の償還を行うだろう。

預金封鎖

預金封鎖は現行法のもとで、はたして可能なのか？ 立法によって可能だ、と考えている。現行法のもとにおいても、「内閣総理大臣は、銀行の業務若しくは財産……の状況に照らして、当該銀行の業務の健全かつ適切な運営を確保するため必要があると認めるときは、当該銀行に対し、……その必要の限度において、……期限を付して当該銀

80

第3章・経済編　財政危機がやってくる

行の業務の全部若しくは一部の停止を命じ……ることができる」（銀行法26条）とされている。つまり、業務・財産の健全・適切な運営確保の必要があれば、預金払戻業務の停止を命じることができるのである。まさに、個別的な事情によるものではあるが、「預金封鎖」の一例である。

もちろん、この条文が政府の財政破綻（にもとづく事態）を理由とする一斉の預金封鎖を予定しているかといえば、そうではない。しかし、万一このような事態が生じれば、個々の銀行に「業務・財産の健全・適切な運営確保の必要」が生じるわけで、こじつければ、本条によって、預金封鎖を強行することもまったく不可能ではない（ただし、法の趣旨からははずれるので、現実には、別途立法を行うことになるものと考えられる）。

では、預金封鎖にともなう新円への切り替えはどのような法律が関与してくるであろうか。現行の円に強制通用力が付与されているのは、「日本銀行法」および「通貨の単位及び貨幣の発行等に関する法律」による。したがって、一定の期間をもって現円の効力を失わせるためには、新円への交換を保証するとともに（財産権を一方的に奪うことは、憲法違反である）、その強制通用力を失わせなければならず、あらたな立法を要するところである。

預金封鎖の際、一定の税金を賦課することが想定されるが、憲法は、「国民は、法律の定めるところにより、納税の義務を負ふ」（30条）としており、どのような税金を賦課するかは、法律が定める。したがって、立法による新税の設定は可能であると考える。

外国為替

大臣は、国際経済の事情に急激な変化があった場合や、緊急の必要があると認めるときは、政令によって、外国為替及び外国貿易法（外為法）の適用を受ける取引、行為または支払等の停止を命ずることができる（外為法9条）。すなわち、外為法の適用を受ける取引について、新たな立法を要することなく、取引を停止し、円が外貨に流れないようにすることができるのである。

郵便貯金の国債化

郵政公社は、原則として10 00万円の預け入れ制限額を超えたときは、預金者に通知を出す。預金者がその通知にしたがって貯金総額を減額しないときは、その超えた額について、国債を購入することができるようになっている（郵便貯金法10条、11条）。ちなみに、2003年12月末時点で超過額は、500億円程度とされている（2004年1月28日各紙）。

法律改正で1000万円の制限額を引き下げることによって、相当額の国債購入資金を生みだすことが可能である（ちなみに、民業圧迫の観点から、限度額を350万円に引き下げることを求める動きがある）。

結び

財政破綻のシナリオは、長期金利の上昇ないし国債価格の下落が急激に生じることによって、その引き金が引かれることになる。

国債が安値になると、信用性の問題からして、発行しても引き受け手がいなくなり、いわゆる未達が生じ、その後は、国債の信用低下が加速する。このような事態は、経済政策の失敗、国際的な資金流動の急激な変化、経済中枢に打撃を与える地震の発生などによって引き起こされると思われる。現実問題として「ありうる」事態であることを想定し、個人から企業まで早急の対応が求められるところである。

バブル絶頂期のころは、誰もが「このまま上昇の一途であるはずはない。いつかは崩壊する」と言いつつも、自分がババをつかむはずはない」との確信をもって、漠たる不安と戦いながら時の波に乗っていたものだ。

今度は、「日本がこのまま返済のあてもない借金を続けられるはずはない。いつかは破綻するはずはない」と言いつつも、「まだそのときはこない」と漠とした不安と戦いながら、人々は、破綻のことを考えないで日々行動している。

「関東大震災は、いつきてもおかしくない」と言いつつ、リスクの想定は誰もがしている。リスクに対するマネジメントが求められる時代であり、現代は、リスクに対するマネジメントが求められる時代である。

以上のとおり、政府が緊急手段をとる場合、多くの場面で法律改正が必要となる。今後の**立法化の動きという予兆を見逃してはならない**であろう。いち早くその回避策を実行に移すことが、その後の安心、**成功にもたらすのである。**

Shuji Idesawa Special Issue

財政破綻とインフレに備えておくべきこと

行での外貨預金は預金封鎖の対象になるかもしれないので、国外の銀行に直接口座を開設するほうがよい（邦銀の海外支店も避ける）。

では、どの国の通貨が有利なのか、外貨預金といえば米ドルが一般的だが、財政破綻に備える意味では米ドルへの集中は適当でない。なぜなら、日本政府は米国財務省証券（米国の国債）を大量に保有しており、外貨準備も米ドルに偏っているからだ。そのため、ひとたび国内で資金調達ができなくなると、日本政府はこの米国財務省証券を米ドル資金に換え、その米ドルを売ることで円資金を作る。すなわち円が下がると、世界の主要通貨「ドル・ユーロ・円」のバランス上、これまで安全だと思われていた米ドルも売られ、円と一緒に値下がりする可能性がある。

その結果、日本に投資していた外国人投資家も、自国通貨に回帰するだろう。そこでユーロ、スイス・フラン、英ポンドなどの欧州通貨が投資として有効な選択肢となる。

借金をしよう！

まずすべきは、長期固定金利での借金だ。すなわち政府と同じことをするのである。インフレはお金の価値を下落させるので、政府の借金も実質減少する。お金を借りている人も実質返済額が減少する。特に借り入れ金利が長期固定なら、メリットは大きい。

不動産やゴールドを持とう！

借家はやめて、住宅ローンを組んででも持ち家、できれば土地付き一戸建てを持ちたい。海外の不動産も検討に値する。いざとなったらそこに移り住んでもいい、それぐらいの基準で考えてほしい。オーストラリア、ニュージーランドなども魅力的だ。

第二次大戦後のハイパーインフレのとき、新円への切り替えもあって、円建てのゴールド価格は昭和21年の1g＝17円から、昭和26年の1g＝585円まで、実に34倍に値上がりした。

外貨建て資産を海外に持つ

大幅な円安になるので、外貨資産を持っておくべきだ。ただし、国内の銀

←←財政破綻シナリオ←←

① 金利の上昇に伴う新発国債の消化難

② 日銀による直接引き受け

③ インフレ

④ 金利のさらなる上昇

⑤ インフレのさらなる進行

？？政府がとる行動は？？

この悪循環を断ち切るために、政府はかなり強引な政策を実行することになる。それは「超法規的な行動」となるかもしれない。考えられる政府の対応としては、下記の5つがある。

1　預金封鎖＝銀行預金、郵便貯金の引き出し額の制限
2　郵便貯金の国債への強制転換
3　年金の一時支払い停止（健康保険も危ない）
4　償還となる国債の償還延長
　　（実質的デフォルト）
5　海外送金の制限ないしは禁止
　　（外国為替管理法の復活）

現行の法体系内で政府が個人資産に対してどこまで関与できるかは、80ページのコラムを参照していただきたい。

やってはいけない投資行動！

1　日本の銀行や郵便局に資産を集中させること
2　公的年金への依存が大き過ぎること
3　為替リスクを警戒して国外に資産を保有しないこと

第3章・経済編　財政危機がやってくる

Xデー前後の注目株
財政破綻の備えとなる投資銘柄

Xデー銘柄［A群］

事業の成長性・収益性が高く、設備投資に積極的で、債券などによる長期での資金調達額も大きい企業

9432　日本電信電話　61万9000円　1株

2兆7千億円（2003年3月）の社債発行残高があるので、ハイパーインフレに有利。上場時の高値更新もありうる。相対的な負債比率が低下し、借金の棒引き効果が絶大。

上昇率 高 / 確実度 中

5713　住友金属鉱山　753円　1000株

現物資産の代名詞は「ゴールド」。その価格は上昇するだろう。平均的な金鉱石の約10倍（1トンあたり約50g）の含有量がある菱刈鉱山を持つ同社は、金鉱株の代表としてマーケットの注目を浴びる。

上昇率 高 / 確実度 大

9501　東京電力　2330円　100株

社債の発行額は日本有数。電力債の発行残高が5兆円（2003年3月）もある。1980年代の土地神話相場においての代表銘柄であった。財政破綻によるハイパーインフレとなれば、借金棒引き効果と資産再評価によって暴騰。

上昇率 高 / 確実度 中

8801　三井不動産　1285円　1000株

インフレによって日本円の資産価値は暴落し、預貯金からの回避が本格化。現物資産である不動産価格が暴騰する。不動産の債権化ビジネスにも強い同社はマーケットの中心的存在。

上昇率 高 / 確実度 大

9020　東日本旅客鉄道　54万4000円　1株

国に対する鉄道施設購入長期未払い金が2兆円、社債残高約1兆円が、ハイパーインフレで有利に。鉄道事業自体はインフレに強く安定しているため、ハイパーインフレ時のディフェンシブ・ストックとしての評価が上がる。

上昇率 高 / 確実度 中

8802　三菱地所　1424円　1000株

三井不動産と同様に不動産各社は「我が世の春」となる。特に日本の中心地大手町オフィス街を牛耳る同社が受ける恩恵ははかり知れない。

上昇率 高 / 確実度 大

Xデー銘柄 [B群]

グローバルな展開に積極的で、海外生産拠点、事業拠点を多く持つ企業

7751 キヤノン
5450円 1000株

キヤノンは日本国内生産にこだわりながらも、世界市場制覇の可能性がある製品に特化してビジネスを展開している。世界市場においてブランド力と収益力に支えられているため、金融危機においても成長はゆるがない。

上昇率 低 / 確実度 大

6753 シャープ
1888円 1000株

グローバルマーケットにおいて、液晶、太陽光発電パネルで世界トップシェアを誇る。国内市場が混乱しても同社の高い技術力、マーケティング力は変わらない。それゆえ金融危機を乗り越え、さらなる成長が期待できる。

上昇率 高 / 確実度 中

7203 トヨタ自動車
3870円 100株

日本国債より社債格付けが高い。日本経済が破滅しても生き残る。自動車において世界ビッグスリーの一角を担う同社は、日本国内がどんなに混乱したとしても、大きな影響を受けずに世界を相手に成長できるだろう。

上昇率 低 / 確実度 大

6773 パイオニア
3140円 100株

付加価値の高いデジタル家電（DVDとプラズマディスプレイ）分野で、高いブランド力と卓越した技術力を持つ。米国での売上比率が高く、日本市場の混乱の影響は相対的に少ない。

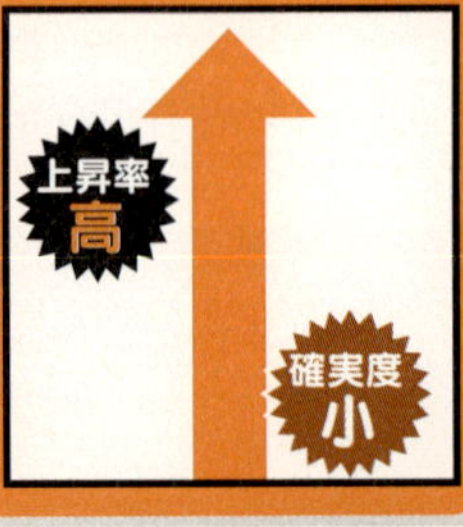

上昇率 高 / 確実度 小

7267 本田技研工業
4760円 100株

同社は日本の企業であるが、HONDAの自動車は世界各国で現地生産された自国ブランドとして認識されている。グローバルなリスク管理が行われ、海外売上比率が80％近くにものぼる。日本国内の影響は軽微にとどまる。

上昇率 高 / 確実度 大

6981 村田製作所
7290円 100株

電子部品であるセラミックコンデンサーで世界トップ。海外売上比率が65％と高く、日本市場の影響が少ない。成長を期待できるデジタル家電分野に多くの部品を供給しているので、今後も高成長が続く。

上昇率 高 / 確実度 中

財政破綻の後にくるもの

歴代の宰相が、そして現小泉政権も政策として掲げながら、なしえていない行財政改革。結局、その歪みの蓄積が、国債の大量発行の頓挫による財政破綻という究極のハードランディングを招くのだ。

国際収支が経常的に大幅な黒字で、世界第一位の対外債権国である日本の財政が破綻するなど、信じがたいことである。しかし、破綻するのは政府の財政であり、日本経済そのものは大きなダメージを受けるものの破綻するわけではない。

すでに日本の一部国際優良企業の信用格付けは、日本国の格付けを上回っている（ソブリン・シーリングを超えている）ため、これらの企業は「国との運命共同体化」からすでに離脱していることを意味している。

財政破綻が招くインフレによって、皮肉にも国の債務は大幅に軽減される。しかしその代償は、節約を心がけ、一生懸命に蓄財してきた預金や保有国債の大幅な目減りというかたちで国民が負担させられる。これは、政府に対して強制的に国民が債権放棄をさせられることと同じで［現代版・徳政令］といえる。こうした債権放棄を避けたいと思うのなら、それに対する備えを今のうちから進めておかなければならない。

Xデーのあと、自民党に代わって政権を担う政党が生まれる可能性は高い。それが民主党であるかどうかは不明だが、本来あるべき二大政党政治が実現するだろう。

大変な荒療治ではあるが、財政が破綻することによって行政の大改革および財政界の再編成が行われるはずだ。そして、バブルの清算は終了して、ようやく日本再生のための環境が整うのである。強い企業はますます強くなり、効率の良い行政システムへの期待が形成されるであろう。

財政破綻が現実に起こったら

① 預金、特に定期預金や定額貯金は解約して現金を引き出す

銀行は国債を大量に保有しているので、国債の値下がりで経営危機に陥る銀行が出る可能性が高い。財政が破綻した政府には、当然、預金を保証する能力はない。

② 現金は一部を金に換えるか、海外に開設した口座に送金する

海外送金はすぐに行わないと、為替管理法が施行されて送金できなくなる懸念がある。

③ 株にはすぐには手を出さない

いずれ絶好の買い場が到来する。それまで、じっと我慢して待つ。

④ 投資目的の不動産購入は慎重に選ぶ

市場が混乱するので、適正地価の見きわめが難しくなる。保有価値よりも活用価値を重視して、土地周辺の環境分析をしっかりしておきたい。

Xデー混乱後の注目株

「山高ければ谷深し、谷深ければ山高し」の格言を活かす

インフレが沈静に向かい出したとき、そこは株式投資において絶好の買い場となる。

Xデー銘柄［A群］

国家を乗り越えて生き残る国際的優良銘柄

8267　イオン

ジャスコ、マイカルをグループに持つ総合スーパー。金融危機においても、生活に密着している総合スーパーのダメージは軽微。有利子負債が7335億円（2003年3月期）あり、インフレによる負債圧縮のメリットもある。

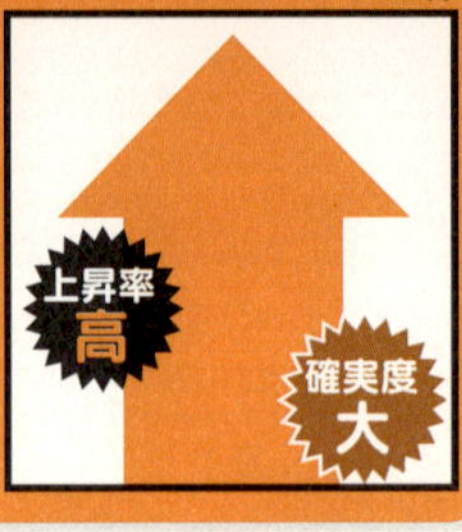

4590円 / 100株

上昇率：高　確実度：大

4502　武田薬品工業

国内製薬トップ。医薬品業界は、金融危機となってもニーズの変化は起こりにくい。マーケットの混乱から一時的に売られることはあっても、落ち着きを取り戻せば、業界トップの同社はいち早い回復が見込まれる。

4550円 / 100株

上昇率：低　確実度：大

8306　三菱東京フィナンシャル・グループ

金融持ち株会社で、傘下に東京三菱、三菱信託銀行を持つ。金融危機直後の混乱期に暴落しても、落ち着きを取り戻せばインフレメリット銘柄として急速に買われる。財務的な安心感のある同社は早い段階で見直される。

106万円 / 1株

上昇率：高　確実度：大

4689　ヤフー

世界最大のポータルサイト。広告とユーザーによるオークションが収益の柱。金融危機で世の中が混乱すると、情報の正確性や伝達スピードが重要視され、インターネットの必要性がさらに高まる。そこで同社は最大の恩恵を受ける。

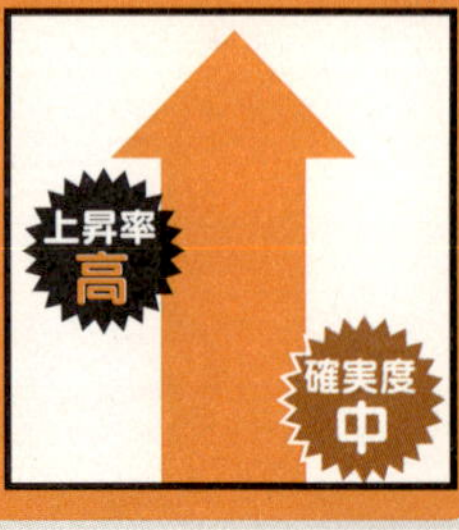

139万円 / 1株

上昇率：高　確実度：中

8604　野村ホールディングス

野村證券の持ち株会社。業界最大手であり、収益力は抜群。銀行セクター同様に、落ち着きを取り戻せばインフレメリット銘柄として急速に買われる。インフレ回避のため海外投資が活発となるので、その窓口としての役割も期待できる。

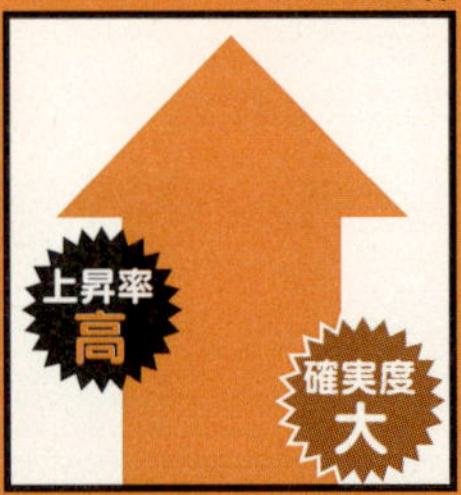

1894円 / 1000株

上昇率：高　確実度：大

4755　楽天

インターネットショッピングモールの最大手。DLJディレクトSFG証券を傘下に持つ。ハイパーインフレで、モノの値段が高くなると少しでも低価格の商品を求める消費者が増え、その結果インターネットショッピングが活況を呈する。

87万6000円 / 1株

上昇率：高　確実度：中

第3章・経済編　　財政危機がやってくる！

Xデー銘柄［B群］
新生日本の新たな担い手となる若い企業

6861　キーエンス
生産は外注するファブレス企業として有名。FAセンサ、検出・計測機器、試験研究機器の開発とソリューション（課題解決）に特化し、展開している。売上高営業利益率が約50％（2004年3月期予想）と、高い収益力に定評がある。

2万7720円 100株
上昇率 高　確実度 大

4564　オンコセラピー・サイエンス
東京大学発のベンチャー。ガン関連遺伝子、創薬候補物質の研究に特化し製薬会社向けに提供している。日本の金融危機との関わりはうすく、同社のガンを克服するための最先端技術は、今後もますます期待が高まるであろう。

201万円 1株
上昇率 高　確実度 大

6963　ローム
独立系大手半導体メーカー。今後も大きな成長が期待されているデジタル家電に不可欠な特注LSIで世界トップ。カスタマイズされた高付加価値製品を多く持つため、収益が安定している。

1万4200円 100株
上昇率 低　確実度 大

6273　SMC
自動制御機器、特に空気圧機器、空気圧システムに強く、その分野では世界シェア2割。空気圧機器は半導体関連、自動車関連をはじめ全業種向けに安全でクリーンな制御方法として確立。高いシェアと技術力で高収益が続く。

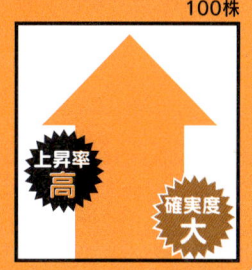

1万3250円 100株
上昇率 高　確実度 大

7631　マクニカ
新興半導体商社ながら大手企業を顧客に持ち、商品開発機能もあわせ持つ。その技術力には定評があり、シリコンバレーにおいて、日本進出の責任者で同社の名を知らぬ者はいないというほど、国際的にはメジャーになっている。

3660円 100株
上昇率 高　確実度 大

6594　日本電産
精密小型モーターの世界企業。三協精機製作所、トーソク、コパル電子などのM&Aを繰り返し、業容を拡大。ベンチャー企業ながらも世界戦略を持つ新しい企業集団として注目されている。総合駆動技術で世界トップを目指す。

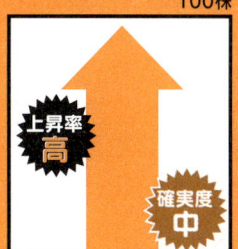

1万1480円 100株
上昇率 高　確実度 中

あらゆるXデーに強い最強4銘柄

4509 三菱ウェルファーマ （医薬品）

| 売買単位 | 1000株 | 決算 | 3月 | 資本金 | 30,560（百万円） |

ライバル企業との比較

企業名	予想PER	PBR	予想ROE	予想売上高経常利益率
三菱ウェルファーマ	66.48倍	3.48倍	5.23%	10.76%
三共	25.16倍	1.53倍	5.83%	15.54%
武田薬品工業	15.78倍	2.66倍	15.59%	39.34%
山之内製薬	20.97倍	1.75倍	8.83%	20.38%
塩野義製薬	127.14倍	2.38倍	1.86%	11.01%

株式 458,434千株
株主 29,578名（03.9）（万株）

三菱化学	20,666（45.0）
武田薬品工業	3,292（7.1）
日本トラスティ信託	1,347（2.9）
モルガン信託	992（2.1）
ニプロ	847（1.8）
〈外国〉	2.4%
〈浮動株〉	15.7%
〈投信〉	1.1%
〈特定株〉	68.0%

財務 （連中03.9）（百万円）

総資産	296,927
株主資本	191,204
株主資本比率	64.4%
利益剰余金	93,951
有利子負債	36,089

指標等 （連03.3）

ROE	4.4%
ROA	2.4%
最高純益（02.3）	8,987
設備投資	119億 予121億
減価償却	159億 予128億
研究開発	482億 予508億

業績（百万円）

	売上高	経常利益	当期利益	EPS（円）	1株株主資本
03.3	280,780	29,448	8,255	18.05	417
04.3予	237,000	25,500	10,000	21.81	—

三菱化学、吉富製薬、ミドリ十字、東京田辺製薬が前身で2001年10月に今の組織になった。大きな災害では、人命救助が急務となるほか、多数の負傷者で大量の輸血用血液が必要となる。血液は長期間の保存ができないため、深刻な品不足が予想される。同社は、早稲田大学、慶応大学と共同で、感染の不安のない「人工血液」を研究している。商品化はまだ先のようだが臨床試験も進めており、量産化のメドも立っているようだ。Xデーまでには商品化されることも考えられるし、緊急時には超法規的な措置が取られる可能性も否定できない。人命に係わる災害全般で注目される企業のひとつ。

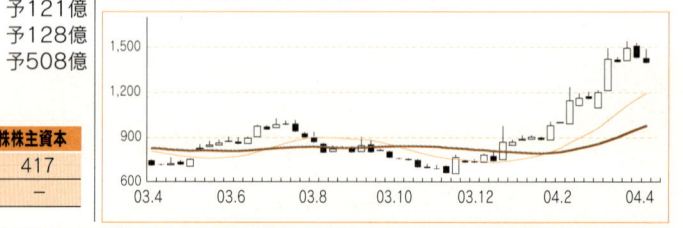

2897 日清食品 （食料品）

| 売買単位 | 100株 | 決算 | 3月 | 資本金 | 25,122（百万円） |

ライバル企業との比較

企業名	予想PER	PBR	予想ROE	予想売上高経常利益率
日清食品	25.21倍	1.41倍	5.68%	7.54%
味の素	22.95倍	2.05倍	8.65%	6.38%
東洋水産	17.09倍	1.45倍	8.53%	5.69%
明星食品	30.62倍	0.92倍	3.10%	2.25%
日本たばこ産業	-45.89倍	0.96倍	-1.08%	4.25%

株式 127,463千株
株主 17,772名（03.9）（万株）

チェース（ロンドン）	938（7.3）
みずほコーポレート銀行	616（4.8）
日本トラスティ信託（信託口）	592（4.6）
（財）安藤スポーツ・食文化振興財団	563（4.4）
〈外国〉	21.2%
〈浮動株〉	7.7%
〈投信〉	一%
〈特定株〉	41.6%

財務 （連中03.9）（百万円）

総資産	336,176
株主資本	237,744
株主資本比率	70.7%
利益剰余金	178,259
有利子負債	5,094

指標等 （連03.3）

ROE	6.2%
ROA	4.3%
最高純益（99.3）	16,870
設備投資	69億 予130億
減価償却	74億 予70億
研究開発	27億 予一億

業績（百万円）

	売上高	経常利益	当期利益	EPS（円）	1株株主資本
03.3	315,279	28,676	14,422	115.7	1893
04.3予	325,000	24,500	13,500	105.91	—

「大地震がやってくる」でとりあげた注目銘柄だが、他の天災やテロなどの人災でも、食生活の確保が最優先事項となるため最強の銘柄。お湯さえあればどこでも食べられる「カップヌードル」は非常食の王様といえる。日清食品は、カップ麺のパイオニア。通常、食品株は、価格の変動が少なく、マーケットの中では地味な存在である。そのぶん、非常事態になると思わぬ動きをするものだ。

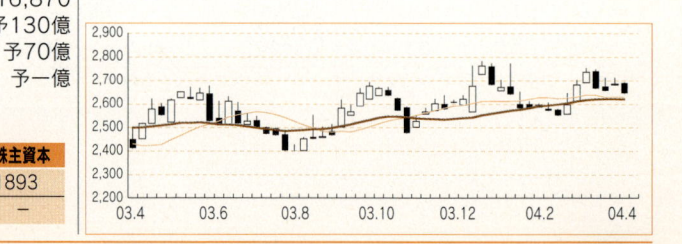

天災から社会・政治の事件をへて経済パニックまで、本書ではさまざまなイベントごとに銘柄を紹介してきた。最後にこのページでは「どんなイベントが市場を襲っても、そのショックを糧に株価を上昇させる銘柄」を選び出してみよう。

9501 東京電力　電気・ガス業

| 売買単位 | 100株 | 決算 | 3月 | 資本金 | 676,434 (百万円) |

ライバル企業との比較

企業名	予想PER	PBR	予想ROE	予想売上高経常利益率
東京電力	18.28倍	1.42倍	7.55%	5.54%
中部電力	15.23倍	1.29倍	8.20%	8.70%
関西電力	21.43倍	1.20倍	5.32%	6.40%
東京ガス	23.70倍	1.86倍	7.99%	11.13%
大阪ガス	17.11倍	1.56倍	8.85%	8.02%

株式 1,352,867千株
株主 677,504名(03.9)(万株)
- 日本トラスティ信託 (信託口) 6,361 (4.7)
- 日本マスタートラスト信託 (信託口) 5,796 (4.2)
- 第一生命保険 5,500 (4.0)
- 日本生命保険 5,160 (3.8)
- みずほコーポレート銀行 4,349 (3.2)
- 〈外国〉 10.5%
- 〈浮動株〉 30.6%
- 〈投信〉 1.9%
- 〈特定株〉 29.5%

財務 (連中03.9) (百万円)
- 総資産　14,058,962
- 株主資本　2,318,531
- 株主資本比率　16.5%
- 利益剰余金　1,573,536
- 有利子負債　8,520,380

指標等 (連03.3)
- ROE　7.4%
- ROA　1.2%
- 最高純益 (01.3) 207,882
- 設備投資　7066億　予7719億
- 減価償却　9223億　予-億
- 研究開発　403億　予-億

業績 (百万円)

	売上高	経常利益	当期利益	EPS(円)	1株主資本
03.3	4,919,109	271,111	165,267	122.3	1,663
04.3予	4,870,000	270,000	175,000	129.35	—

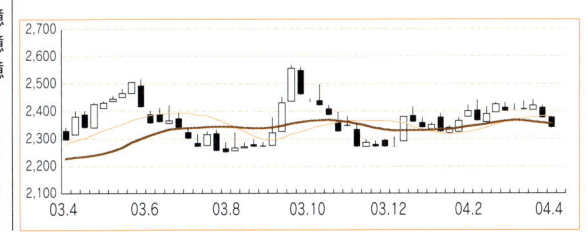

関東一円をサービスエリアに持つ、世界最大の民間電力会社。首都圏の災害時には、電力設備の崩壊等の打撃を受け、立ち直るまでに相当の時間がかかるように考えがちだ。しかし電力インフラは必要不可欠なため、復旧費用には国の緊急予算が投入されると推測できる。したがって企業として大打撃を受けることはないだろう。そして財政破綻時にはハイパーインフレによって日本有数の社債発行企業(発行残高5兆円 2003年3月期)の側面が強調され、その借金棒引き効果と不動産などの資産再評価が重なりあって、かなり有望な投資対象となろう。

7267 本田技研工業　輸送用機器

| 売買単位 | 100株 | 決算 | 3月 | 資本金 | 86,067 (百万円) |

ライバル企業との比較

企業名	予想PER	PBR	予想ROE	予想売上高経常利益率
本田技研工業	10.01倍	1.78倍	17.24%	8.00%
日産自動車	10.85倍	2.74倍	26.07%	10.48%
トヨタ自動車	13.41倍	1.89倍	13.87%	9.58%
マツダ	14.26倍	2.20倍	14.60%	2.28%
スズキ	25.50倍	1.36倍	5.16%	4.01%

株式 974414千株
株主 53061名(03.9)(万株)
- 日本トラスティ信託 (信託口) 4895 (5.0)
- ステート・ストリート・バンク&トラスト 4176 (4.2)
- 日本マスタートラスト信託 (信託口) 4136 (4.2)
- 東京三菱銀行 4055 (4.1)
- 東京海上火災保険 3745 (3.8)
- 〈外国〉 32.2%
- 〈浮動株〉 3.4%
- 〈投信〉 3.5%
- 〈特定株〉 36.9%

財務 (中03.9) (百万円)
- 総資産　7,991,787
- 株主資本　2,743,981
- 株主資本比率　34.3%
- 利益剰余金　3,414,847
- 有利子負債　2,492,137

指標等 (03.3)
- ROE　16.2%
- ROA　5.6%
- 最高純益 (03.3) 426,662
- 設備投資　3169億　予3000億
- 減価償却　2138億　予1950億
- 研究開発　4368億　予4600億

業績 (百万円)

	売上高	経常利益	当期利益	EPS(円)	1株主資本
03.3	7,971,499	609,755	426,662	439.4	2,735
04.3予	8,100,000	648,000	473,000	485.42	—

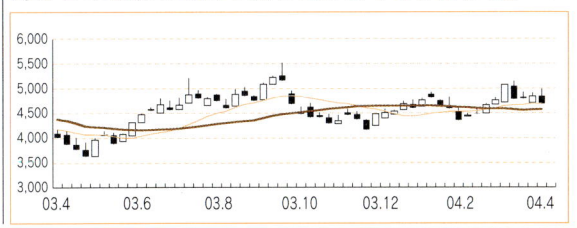

「HONDA」は、自動車、オートバイの両方が、世界で現地生産され、自国ブランドとして認知されるほど浸透しているブランドである。また、最近では自社開発した小型ビジネスジェット実験機の飛行試験を開始したり、さらに燃料電池車「FCX」が箱根駅伝の大会本部車として運用をサポートするなど新しい技術へのとりくみも積極的である。また、生産を世界に分散し、グローバルなリスク管理が行われている。海外売上比率は約80%にのぼり、日本国内が災害、財政破綻等で混乱したとしても、その影響は軽微にとどまるだろう。その逆に国内需要を海外からの完成車輸出で賄うこともできるだろう。

近未来ニュース年表
2004年6月1日からの世界

2004年

- 6月頃　法制審議会が商法の見直し案をまとめる……
- 6月3日　ベイルートにてOPEC臨時総会
- 6月4日　南米チリにてアジア太平洋経済協力会議（APEC）貿易相会合
- 6月5日　映画『デイ・アフター・トゥモロー』公開
- 6月8日　米国にてサミット（主要国首脳会議）開催
- 6月26日　映画『ハリー・ポッターとアズカバンの囚人』公開
- 6月末日　イラク暫定政府への主権委譲（予定）
- 7月1日　自動車リサイクルの処理業者許可スタート
- 7月8日　北朝鮮の金日成主席の死去から10年となる
- 7月10日　映画『スパイダーマン2』公開
- 7月11日　参議院選挙投票（公示は6月24日だが、変更もありうる）
- 7月17日　東宝アニメ映画『スチームボーイ』（大友克洋監督）公開
- 7月26日　米国民主党党大会（ケリー候補の独走に待ったがかかるかどうか）
- 7月　　第131回　芥川賞・直木賞が発表される
- 8月13日　**アテネ・オリンピック**……
- 8月30日　米国共和党党大会
- 9月頃　政府、日銀は、千円、五千円、一万円の各紙幣のデザインを刷新……
- 9月2日　南米チリにてアジア太平洋経済協力会議（APEC）財務

> 半世紀ぶりの抜本的な改正となる。株式会社では、設立方法、運営手法、企業買収などの面で規制緩和を進め、グローバル経済の中で生き残りをかけて戦う日本企業を側面から支援することになる。

> 29日まで開催される。選手ばかりか、世界中のビッグ企業が売上増をめぐって競争を繰り広げる。現地はもちろん、世界各国の飛行場では一層のテロ対策が行われる。また、サイバーテロの発生に対しても厳戒体制が敷かれる。安全の値段が高騰するだろう。

90

> すでに予定されているイベントは、好むと好まざるとにかかわらず、必ずやってくる平等な未来と考えていい。Xデーも本来は誰にも平等にやってくる未来だろう。ただし、その結果は決して平等ではない。備えていた者と、備えていなかった者では決定的な差が生じる。さて、あなたはどこにどんな『Xデー』を書き込むのだろうか。

日付	イベント	備考
9月30日	米国大統領候補者討論会	
10月上旬	ノーベル賞の発表。日本にも候補者が多数いて、注目される	
10月上旬	G7財務相・中央銀行総裁会議	
10月4日	米国にてIMF・世銀総会	
10月23日	第59回国民体育大会秋季大会開会	
10月	ジャスダックが取引所市場に転換、また、国債市場特別参加者制度を導入	金融市場に動きがみられるので、注視しておく必要がある。
11月頃	宮崎駿監督の新作アニメ『ハウルの動く城』公開	
11月2日	米国大統領選。米国同時多発テロ後の初選挙であり、対テロ政策の是非が問われる	選挙結果は、世界経済の進路に大きな影響を与えることになる。
11月5日	ブリュッセルにてEU首脳会議	
11月20日	南米チリにてアジア太平洋経済協力会議（APEC）首脳会議	
12月17日	ブリュッセルにてEU首脳会議	
12月21日	三越が株式会社化100周年	
12月下旬	2005年度予算の政府案を閣議決定	
12月	中国政府が、外資に対して、固定電話など通信市場の門戸を開く	自由化に先駆けて、日本や欧米の大手通信会社が拠点を開発してきたが、いよいよ本格的な中国市場争奪戦の幕開けとなる。ただし、世界最大の加入者を誇る携帯電話については、外資への出資規制は継続するとみられている。
12月	米国で、人気俳優レオナルド・ディカプリオ主演の最新作映画『ディ・アビエーター』公開（日本では05年3月公開）	

早ければ9月中に流通が始まる。紙幣の改刷は20年ぶりとなる。IT偽造への対応策とのことだが、他に意図があるのかどうか。経済産業省は、経済効果としてATM交換機などの直接費用で5500億円、波及効果で6000億円を見込んでいるが、経済動向に注目しておきたい。

近未来ニュース年表
2004年6月1日からの**世界**

2005年

- 2月17日 国債残高500兆円、GDP比90%超となる
- 3月25日 愛知県知多半島沖に中部国際空港が完成し、業務をスタート
- 7月頃 愛知万国博覧会開催
- 9月頃 使用済み核燃料の民間再処理工場が稼働する（青森県六ケ所村）
- 10月頃 兵庫県神戸港沖に神戸空港が開港
- 未定 福岡県周防灘沖に新北九州空港が開港
- 未定 情報家電に専用周波数が割り当てられ、普及が進む
- 未定 坂村研究室、トロン協会の活躍が注目される。トロン仮想大学スタート

2006年

- 【注目】
- 2月 日ソ国交回復50周年の年
- 4月 イタリア・トリノにて冬季オリンピック開催
- 6月 国際宇宙ステーション完成
- 未定 サッカーのワールドカップ・ドイツ大会開催
- 未定 地上波デジタルテレビ、全国主要都市で本放送開始
- 未定 日本の総人口がピークに

→ 以下、減少に転じる。前年に、日本の65歳以上の高齢者人口が20％を突破していたことが発表される。

2007年

- 【注目】
- 12月 郵政民営化スタート
- 12月 香港の中国返還10周年
- 7月 韓国大統領選
- 未定 米国・ロシアの核弾頭削減交渉START II、第2段階の履行期限がくる
- 未定 関西国際空港で、2本目の滑走路が完成する
- 未定 新丸ビルが超高層ビルとして完成

2008年

- 【注目】
- 3月 国際テロの動向。とくに米国大統領選が及ぼす世界経済への影響。また中国のオリンピックがあり、国際的な力関係に転機が訪れる
- 3月 台湾総統選挙
- 3月 ロシア大統領選挙
- 7月 **中国にて夏季オリンピック開催**
- 11月 米国大統領選挙
- 未定 米国航空宇宙局（NASA）が木星の衛星エウロパに向けて探査機を打ち上げる
- 未定 ボーイングの次世代航空機が就航

→ 主翼など全体の3割程度を三菱重工業など日本のメーカーが開発・製造を担当する。

92

年	時期	出来事	補足
2009年	6月 [注目]	国債残高600兆円台に………………………………	これで何も起こらないはずはない。
	11月 [注目]	天安門事件20周年	
	未定 [注目]	ベルリンの壁崩壊20周年	
	未定 [注目]	東証上場企業が3000社を突破する	
2010年	未定 [注目]	中国のビッグプロジェクト「山峡ダム」が完成する	
	未定 [注目]	バイオ関連市場規模が3兆円に……………………	エコビジネス市場が40兆円規模に拡大。
	未定 [注目]	冬季オリンピックがカナダのバンクーバーで開催	
	未定 [注目]	**中国・上海で万国博覧会が開催**	
2011年	未定 [注目]	サッカーワールドカップ開催	
	[注目]	テレビがすべてデジタル放送になる	
2012年	未定 [注目]	遺伝子治療が普及する	
	11月 [注目]	同時通訳並みの日本語‐英語間の自動翻訳電話が開発される……	日本企業に英語を標準語として採用する動きが加速する。
	[注目]	米国大統領選挙	
2013年	未定 [注目]	がんの転移メカニズムが解明される	
	[注目]	国際熱核融合実験炉（ITER）が運転を開始する	
2014年	[注目]	無公害自動車が世界的に普及し始め、10％を超える	
	[注目]	米国航空宇宙局（NASA）が有人火星探査機を打ち上げる	
2015年	[注目]	電気自動車が普及する都市部のテロ危険度は減少せず、なるべく外出しないライフスタイルが普及。自宅で働く人が3割を超える	
2016年	[注目]	投票所のテロ事件（未遂含む）により、自宅で投票する選挙形態が普及する	
	11月	花粉症やアトピーなどのアレルギー疾患の根本的な治療方法が定着。またアルツハイマー型痴呆症の治療方法も確立する	
2017年	[注目]	米国大統領選挙	
	[注目]	リニアモーターカーが実用化	
2020年	[注目]	がんの治療法が確定し、5年生存率が7割を超える	

Xデーを乗りきる情報力

価値ある情報よりもジャンク（ゴミ）情報の洪水となっている現代社会。ある意味で「だましあい」なので、悪意のある情報が氾濫している。それゆえ、特に投資の世界は、信頼できる企業、信頼できる個人から、自分の投資スタイルにあった情報を入手するのが有効となる。

投資に関する情報は、証券会社などの調査部門、書籍、専門誌、インターネット、投資顧問会社のレポートや助言サービスなどがある。

この世の中は、氾濫した情報の中から、情報が真実なのかわからなくなる時がある。これからの世の中は、氾濫した情報の中から、自分に有効で価値のあるものを見分ける力が必要となってきている。

もし、自分の経験や知識だけで投資の判断が難しく、「信頼できるパートナーからのアドバイスが欲しい」と考えているのなら、そのパートナー選びは慎重に行うべきだ。なぜなら命の次に大切な「お金」のアドバイスを受けるのだから。その選定には、最低でも次の3項目のチェックは必修だ。

1. 利益相反にならない立場からの情報提供ができているか
2. プロとしての教育と経験に裏づけされた知識があるか
3. 自分の投資スタイルなど価値観を共有できるか

最近では、個人投資家を対象に積極的な資産運用を目指す、投資顧問会社による助言サービスも増えてきている。

たとえば、株式会社フィスコでは、投資のアドバイスに的を絞った「投資参謀」という投資助言サービスを提供している。「利益の追求」と「投資手法の会得」を主眼に置いたユニークなサービスだ。

「投資参謀」の特徴
フィスコによる投資助言サービス

フィスコは、マーケットリサーチに特化した専門家集団。機関投資家、証券会社、銀行など金融機関の第一線の方々に向けて、市場分析情報を広くリアルタイムで提供する独立系の金融情報分析機関だ。「投資参謀」と名づけられたアドバイザリー・サービスには、3つの特徴がある。

1 投資家のニーズ、リスク許容度を十分にコンサルティングしたうえで手法、銘柄選択など、最適な運用アドバイスを行う。

2 売買注文は、投資家自身が行い、運用資産は、取引証券会社が管理する。

3 売買手数料ではなく、投資収益からの成功報酬がフィスコの収入となるシステム。

役に立つHP一覧

○首相官邸HP
内閣官房長官が発表した「テロ対策特措法に基づく対応措置に関する基本計画の概要（平成15年10月21日）」を掲載している。
http://www.kantei.go.jp/jp/singi/anpo/kakugi/031021keikaku_s.html
「弾道ミサイル防衛システムの整備等について（平成15年12月19日）」安全保障会議決定・閣議決定を掲載。
http://www.kantei.go.jp/jp/kakugikettei/2003/1219seibi.html

○厚生労働省
「国内の緊急テロ対策関係」で、医療・研究機関向けの通達文書が掲載されている。
http://www.mhlw.go.jp/kinkyu/j-terr.html

○厚生労働省・検疫所
渡航者向け、旅行関係者、医療従事者向けに海外での感染症情報や医療情報の提供を行っている。
http://www.forth.go.jp/

○国土交通省
国土交通省防災情報（河川局防災課災害対策室）
http://www.mlit.go.jp/bosai/disaster/bosai.htm

○国土交通省危機管理室
国土交通省におけるテロ対策について（平成15年4月21日）
http://www.mlit.go.jp/sogoseisaku/terro/measure_.html

○内閣府
内閣府の防災情報のページ。政府による最新の防災会議や地震対策などがわかる。
http://www.bousai.go.jp/

○農林水産省
食料自給率、安全確保、海外の食料需給データについて掲載。
http://www.kanbou.maff.go.jp/www/anpo/index.htm

○警察庁
サイバーテロ対策について掲載。
http://www.npa.go.jp/joutuu/gyoumu/004.htm

○外務省
海外へ進出する日本人・企業のためのCBRN（化学、生物、放射性物質、核兵器）テロ対策Q&A（作成中含む）
http://www.mofa.go.jp/mofaj/annai/pr/pub/pamph/cbrn.html

○日本医師会 米国同時多発テロに関する情報
http://www.med.or.jp/etc/terro.html

○日本医師会　感染症危機管理対策室
http://www.med.or.jp/kansen/index.html

○国立感染症研究所・感染症情報センター
SARSなど、多数の感染症についての症状や予防法を掲載。
http://idsc.nih.go.jp/others/sars/index.html

○在米日本大使館
米国におけるテロ・緊急時対策などを提示。
http://www.us.emb-japan.go.jp/j/html/file/kinkyu_taisaku.htm

○東京証券取引所
http://www.tse.or.jp/

○フィスコ
http://www.fisco.co.jp/

● 参考文献
●書籍
『会社四季報2004年2集』(東洋経済新報社)
『日経会社情報2004年1集』(日本経済新聞社)
黒田東彦著『元切り上げ』(日経BP社)
西村直紀著『戦争のお値段』(文林堂)
幸田真音著『日本国債(上、下)』(講談社)
森木亮著『日本が破産する』(成星出版)
UFJ総合研究所編『2004年日本はこうなる』(講談社)
加藤寛監修『2004-2005年 ライフデザイン白書』(第一生命経済研究所)
尾身幸次著『科学技術で日本を創る』(東洋経済新報社)
溝口敦著『日本発! 世界技術』(小学館)
平林千春著『21世紀型ヒット商品の条件』(実務教育出版)
太田一郎著『始動! 企業再生プロジェクト』(社団法人金融財政事情研究会)
山本尚利著『MOTアドバンスト技術戦略』(日本能率協会マネジメントセンター)
伊丹敬之著『企業戦略白書』(東洋経済新報社)
溝江昌吾著『数字で読む日本人2004』(自由国民社)
蟹瀬誠一監修『最新時事キーワード2005』(高橋書店)
世界情勢を読む会編著『面白いほどよくわかる「タブー」の世界地図』(日本文芸社)
小山真人責任編集『富士山を知る』(集英社)
名古屋大学災害対策室編『東海地震がわかる本』(東京新聞出版局)
デービッド・クリーガー他著・梅林宏道他訳『ミサイル防衛 大いなる幻想』(高文研)
宮崎正弘著『テロリズムと世界宗教戦争』(徳間書店)
ドン・コーエン他著・沢崎冬日訳『人と人の「つながり」に投資する企業』(ダイヤモンド社)
内閣府『平成15年版 国民生活白書』(ぎょうせい)
文部科学省『平成15年版 原子力白書』
(財)大蔵財務協会編『平成15年度版 財政データブック』
●資料
RPテック債券市場担当ディレクター久保田博幸(2004年1月19日付け講演資料)
2003年株式10大テーマ 投資レーダー(大和証券投資情報室)
●ムック
兵庫県震災復興研究センター編『大地震100の教訓』(クリエイツかもがわ)
アンジェロ・アクイスタ著・楡井浩一訳『生物・化学・核テロから身を守る方法』(草思社)
池上彰著『世界情勢の地図帳 日本はどうなる』(講談社)
一橋総合研究所監修『図解革命! 業界地図最新ダイジェスト』(高橋書店)
メガカンパニー・リサーチ著『最新日本の業界地図が面白いほどわかる本』(中経出版)
副島隆彦監修『預金封鎖に勝つ資産運用』(宝島社)
Tokyo Financial Journal編著『あなたのガチョウにお金を産ませる方法』(講談社)
ライフ・リサーチ・プロジェクト編『これから5年 日本はこう変わる!』(青春出版社)
廣川州伸著『戦略的エントリーシートと面接の極意』(秀和システム)
●雑誌
文藝春秋2004年2月号/ウェッジ2004年2月号/週刊エコノミスト2004年3月2日号/サピオ2004年1月21日・2月4日合併号/日経ビジネス2004年2月2日号など多数
●新聞
日本経済新聞/毎日新聞/朝日新聞/読売新聞/産経新聞/日経産業新聞/日刊工業新聞/日本工業新聞など多数
●ホームページ
政府や関連団体のHPを多数参照させていただきました。

著者プロフィール

◎**三木茂**(株式会社フィスコ 代表取締役社長/東工大客員教授)
上智大学経済学部卒業後、東京銀行入行。同行ロンドン現地法人勤務の後、90年にトムソン・コーポレーション日本に移籍(日本代表)。米国における先進的な金融情報サービスの日本への導入を図る。95年5月、株式会社フィスコ設立。日本企業としては初の金融分析情報サービスに特化した事業に取り組む。『成功者への道/ウォール街実践投資マニュアル』(監修・日本短波放送)『我々は外資に負けなかった——旧東京銀行の挑戦』(共著・ISコム)など、翻訳・執筆・監修多数。

◎**奥山徳雄**(株式会社フィスコ 投資参謀)
中央大学理工学部卒業後、三洋証券、メリルリンチ日本証券にて個人営業を経験。現在、フィスコ投資顧問部門の投資参謀として個人投資家の儲かる株式投資の指南役を務める。『あなたのガチョウにお金を産ませる方法』(講談社)『株式にっぽん』(市場新聞社)などに寄稿。

☆**株式会社フィスコ**
QUICK、ロイター、ブルームバーグL.P.等の有力な金融向け通信社と提携。現在約300社に対して、毎日250本以上の株式、通貨、金利の動向に関する独自分析によるコンテンツをリアルタイムに配信している。また、Yahoo!、@nifty、infoseek等の大手インターネット・サイトに対して独自の金融・投資関連のコンテンツを、大手オンライン証券に対して独自の金融・投資関連のコンテンツを、個人の資産管理・運用に対してアドバイザリー・サービスを提供する。現在、社員30名。

◎**廣川州伸**(コンセプトデザイン研究所所長)
東京都立大学人文学部教育学科卒業後、マーケティング・コンサルタント会社、広告代理店等を経て独立。地域活性化、ベンチャー企業のブランド戦略、大手メーカーの新商品開発、出版プロデュースなどを推進。現在、東京コミュニケーションアート専門学校(TCA)、戸板女子短大生涯学習センターなどの非常勤講師。日本創造学会会員。人間環境社会研究所評議委員、ビジネスピープルの自己実現を支援する日本ビジネス作家協会事務局長。著書に『「株」の新発想』(マネックス証券松本大氏との共著)『米国「最新」ビジネスモデル特許564』(共著)『図で考える人は「新プラス思考」で3倍仕事がうまくいく』(以上実業之日本社)、『ブランド価値評価手法がよーくわかる本』『戦略的エントリーシートと面接の極意』(以上秀和システム)など多数。

——大惨事が日本を襲う「その日」に上がる株、下がる株——
Xデー銘柄完全ガイド
2004年4月26日 第1刷発行
2004年5月28日 第3刷発行

著者 三木茂 奥山徳雄 廣川州伸
発行者 軒野仁孝
発行所 株式会社ランダムハウス講談社
東京都新宿区新小川町9-25
郵便番号162-0814
電話03-5225-1610(代表)
印刷・製本 豊国印刷株式会社

©2004 Printed in Japan
定価はカバーに表示してあります。
乱丁・落丁本は、お手数ですが小社までお送りください。
送料小社負担によりお取り替えいたします。
本書の無断複写(コピー)は著作権法上での例外を除き、禁じられています。
ISBN4-270-00014-7

カバーデザイン●緒方修一
編集●株式会社グレイル